Die Anfänge der Gegenwart

**Zeitgeschichte
im Gespräch
Band 17**

Herausgegeben vom
Institut für Zeitgeschichte

Redaktion:
Bernhard Gotto, Andrea Löw
und Thomas Schlemmer

Die Anfänge der Gegenwart

Umbrüche in Westeuropa nach dem Boom

Herausgegeben von
Morten Reitmayer / Thomas Schlemmer

Oldenbourg Verlag München 2014

Bibliografische Information der Deutschen Nationalbibliothek
Die Deutsche Nationalbibliothek verzeichnet diese Publikation in der Deutschen
Nationalbibliografie; detaillierte bibliografische Daten sind im Internet über
http://dnb.dnb.de abrufbar.

Library of Congress Cataloging-in-Publication Data
A CIP catalog record for this book has been applied for at the Library of Congress.

© 2014 Oldenbourg Wissenschaftsverlag GmbH
Rosenheimer Straße 143, 81671 München, Deutschland
www.degruyter.com/oldenbourg
Ein Unternehmen von De Gruyter

Titelbild: Thomas Hauzenberger

Einbandgestaltung: hauser lacour

Gedruckt in Deutschland

Dieses Papier ist alterungsbeständig nach DIN/ISO 9706.

ISBN   978-3-486-71871-3
eISBN 978-3-486-85560-9

Inhalt

Thomas Schlemmer
Der diskrete Charme der Unsicherheit
Einleitende Bemerkungen

1. Von Krisen und Chancen

Seitdem die Historiographie das letzte Drittel des 20. Jahrhunderts als For-schungsfeld entdeckt hat, ist die Geschichte dieser Jahre zumeist als Ge-schichte von Krisen und Krisenbewusstsein, von Niedergang, Verlust und Unsicherheit erzählt worden. Die Dekaden nach dem Boom erscheinen in dieser Meistererzählung als Jahre des Abschieds vom „Traum immerwäh-render Prosperität"[1] oder als ebenso unübersichtliches wie sperriges „Age of Fracture"[2]. Dass sich die Geschichte der Jahre nach 1970 aber auch anders lesen lässt, nämlich als die Geschichte von vielfältigen Aufbrüchen, neuen Lebenschancen und Entfaltungsmöglichkeiten im Zeichen der Globalisie-rung, ist dabei erst nach und nach ins Bewusstsein der Historiker gerückt, die zunächst vor allem das von wirtschaftlichen Krisen und sozialen Erschütte-rungen begleitete Ende der sogenannten Hochmoderne im Blick hatten[3].

Als sensibler und näher am Puls der Zeit zeigte sich die Literatur. John Updike etwa, der große amerikanische Romancier und Chronist des 20. Jahrhunderts, zeichnete insbesondere in seinen vier Romanen um Harry „Rabbit" Angstrom ein subtiles Bild der US-Gesellschaft nach dem Zweiten Weltkrieg – einer Gesellschaft die in vielem stellvertretend für den gesamten westeuropäisch-transatlantischen Kulturraum steht. In seinen „Rabbit"-Romanen erzählte Updike die Geschichte eines letztlich gescheiterten Auf-steigers aus der fiktiven Stadt Brewer in Pennsylvania, der den Niedergang des amerikanischen Traums erlebt, obwohl er es selbst durch Beziehungen und glückliche Umstände zu bemerkenswertem Wohlstand bringt – einem Wohlstand, der ihn letztlich freilich das Leben kostet. Angstrom verdient sein Geld mit dem amerikanischsten aller Industrieprodukte, dem Automobil. Die Autos, die er verkauft, stammen jedoch nicht von Ford oder General

---

[1] Burkart Lutz, Der kurze Traum immerwährender Prosperität. Eine Neuinterpreta-tion der industriell-kapitalistischen Entwicklung im Europa des 20. Jahrhunderts, Frankfurt a. M./New York 1984.
[2] Daniel T. Rodgers, The Age of Fracture, Cambridge/London 2012.
[3] Vgl. Ulrich Herbert, Europe in High Modernity. Reflections on a Theory of the 20th Century, in: JMEH 5 (2007), S. 5–20.

Motors, sondern werden von Toyota in Japan hergestellt. Während sich die übermotorisierten Spritschlucker aus Detroit in Zeiten hoher Benzinpreise und steigender Inflation als Ladenhüter erweisen, floriert nach den Ölkrisen der Handel mit den sparsamen Kleinwagen aus dem Land der aufgehenden Sonne, das man im Zweiten Weltkrieg noch nachhaltig besiegt zu haben glaubte. Die Schlachtordnung der „Rabbit"-Romane ist also von Anfang an unpatriotisch schief und spiegelt in spezifischer Weise die Ambivalenz vom *American Decline* und der beginnenden Globalisierung mit ihren neuen Ordnungsmustern wider. Harry Angstrom sitzt zwischen diesen Stühlen. Einerseits profitiert er persönlich von dieser Entwicklung, andererseits verunsichert ihn das, was er nicht nur den täglichen Nachrichten entnimmt, sondern was sich vor seinen Augen abspielt und die kleine Welt tiefgreifend verändert, die er seit seinen Kindertagen kennt:

„Während er gemütlich in seinem gut abgedichteten und sauber montierten Wagen sitzt, rollt die ehrwürdige Stadt Brewer wie ein stummer Begleitfilm vor seinen geschlossenen Fenstern vorbei. [...] Eisenbahn und Kohle waren einst der Lebensnerv von Brewer. Überall in dieser Stadt, einst die viertgrößte von Pennsylvania, inzwischen jedoch an die siebente Stelle gerutscht, zeugen Bauten von verbrauchter Energie. Hohe schöngeformte Schornsteine, aus denen [...] kein Rauch mehr aufsteigt. Verschnörkelte gußeiserne Lichtmasten, die [...] kein Licht mehr geben. Die Häuserblocks weiter unten [...] haben sich dem Verkauf von Sonderangeboten und Verbotenem verschrieben, und das einzige Warenhaus ist ein großer, fensterloser, aus weißen Backsteinen errichteter Anbau des [...] Bestattungsunternehmens. Die alten Textilfabriken sind zu Ramschläden verfallen, strotzend vor marktschreierischen Spruchbändern, auf denen *Fabrikbasar* steht, oder Parolen wie *Wo der Dollar noch ein Dollar ist*. Dieses Riesengelände mit stillgelegten Eisenbahnschienen und Depots und Halden von alten Rädern und leeren Güterwagen steckt wie ein großer rostender Dolch im Herzen der Stadt. Das alles war im letzten Jahrhundert hergestellt worden von Leuten, die uns heute wie Wirtschaftsgiganten erscheinen, in einer Orgie aus Eisen und Backstein, deren Ergebnisse noch unversehrt erhalten sind in dieser Stadt, in der die einzigen neuen Gebäude Bestattungsunternehmen und Behörden, Arbeitsvermittlungsstellen und Rekrutierungsbüros der Armee sind."[4]

Harry Angstrom fühlt bei diesem Anblick so etwas wie Phantomschmerzen, gehört er doch zu den Gewinnern einer Krise, unter der seine Heimat ebenso leidet wie der gesamte *Rust Belt*.

Was Updike hier auf den Punkt gebracht hat, ist das Paradox von Verunsicherung und Verlusterfahrung bei gleichzeitig wachsendem Wohlstand und zunehmenden Entfaltungsmöglichkeiten. Es gibt für ihn so etwas wie den greifbaren und sichtbaren Bruch mit der Vergangenheit und den Beginn einer neuen Zeit, die zwar als unheimlich, ja als bedrohlich empfunden wird,

---

[4] John Updike, Bessere Verhältnisse. Roman, Reinbek bei Hamburg 1993, S. 41 f.

aber andererseits Chancen und Annehmlichkeiten mit sich bringt. Es ist nicht zuletzt dieser diskrete Charme der Unsicherheit, der Updikes Bild der Jahre nach dem Boom kennzeichnet[5].

Tatsächlich ist der Erfolg des Romanhelden zwiespältig, der sein Vermögen gerade in den 1970er Jahren gemacht hat, richtet er sich doch durch den *American Way of Life* nach und nach selbst zugrunde. Die Auskunft, die Angstroms Frau Janice nach seinem ersten Herzinfarkt erhält ist die Umschreibung einer Befindlichkeit, die in der zweiten Hälfte der 1970er Jahre und in den 1980er Jahren weit verbreitet war. Auf die Frage nach dem Zustand von Angstroms Herz antwortet der behandelnde Arzt: „Das Übliche, Ma'am. Es ist müde und eingerostet und vollgerümpelt, ein typisches amerikanisches Herz, für einen Mann seines Alters und von seinem ökonomischen Status et cetera."[6] Und um das Maß voll zu machen, muss der kranke Harry Angstrom mit ansehen, wie es mit dem Autohaus seiner Familie bergab geht, wie sich seine Frau emanzipiert und anstatt mit Automobilen als Symbolen einer in die Jahre gekommenen Industriegesellschaft Geld mit Immobilien verdient. Die Zukunft, so könnte man diese Botschaft zusammenfassen, liegt jenseits der industriellen Moderne, sie liegt jenseits der USA – und sie ist weiblich.

2. Konzept und Anlage

Der vorliegende Sammelband thematisiert die Anfänge der Gegenwart und verfolgt – mit anderen Worten – das Ziel, die in der Vergangenheit liegenden Wurzeln und die historische Bedingtheit von Strukturen und Prozessen herauszuarbeiten, die Politik, Wirtschaft, Gesellschaft und Kultur in Westeuropa und Nordamerika bis heute mehr oder weniger stark prägen. Damit erscheint Zeitgeschichte aber nicht nur als „Nachgeschichte vergangener, sondern auch" als „Vorgeschichte gegenwärtiger Problemkonstellationen", um mit Hans Günter Hockerts zu sprechen, der zudem darauf hingewiesen hat, dass es in diesem Zusammenhang nicht zuletzt um die Gleichzeitigkeit der Bewältigung alter und des Entstehens oder Erzeugens neuer Problemlagen geht[7].

---

[5] Vgl. Dilvo I. Ristoff, Updike's America. The Presence of contemporary American History in John Updike's Rabbit Trilogy, New York u. a. 1988, und Lawrence R. Broer (Hrsg.), Rabbit Tales. Poetry and Politics in John Updike's Rabbit Novels, Tuscaloosa u. a. 1998.

[6] John Updike, Rabbit in Ruhe. Roman, Reinbek bei Hamburg 1993, S. 218.

[7] Hans Günter Hockerts, Einführung zu: ders. (Hrsg.), Koordinaten deutscher Geschichte in der Epoche des Ost-West-Konflikts, München 2004, S. VII–XV, hier

Die Anfänge der Gegenwart – hier denkt man vor allem an den Formwandel und die Strukturbrüche in der Arbeitswelt, an die Veränderung von Lebensgewohnheiten und Konsummustern, an neue Zeitstrukturen und Erwartungshorizonte oder an gewandelte Zeitdiagnosen, die auch andere Konzepte politischen Handelns induzierten[8]. Dabei stellen sich insbesondere zwei Fragen: die Frage nach dem Verhältnis von Kontinuität und Bruch sowie die Frage nach der Periodisierung, genauer gesagt die Frage nach der Binnenperiodisierung der Dekaden nach dem Boom. Es ist hier nicht der Ort, um diese zentralen Punkte eingehender zu erörtern. Dieser Sammelband will lediglich Bausteine liefern, um die Zeitgeschichte nach dem Boom besser zu verstehen und um das Forschungsprogramm zu implementieren, das Anselm Doering-Manteuffel und Lutz Raphael vor einigen Jahren entwickelt haben. Dabei geht es unter anderem um Industrie und Industrieproduktion, um „Infrastrukturen der Wissensgesellschaft", um Probleme des Konsums, um „Geschlechterordnungen und Körperbilder", um „Sinnsuche in neuen Erwartungshorizonten" oder um den Bedeutungswandel von Leitbegriffen[9].

Alles in allem scheint zweierlei unstrittig zu sein: erstens die Einschätzung des in der ersten Öl(preis)krise auslaufenden Booms als erstrangiger Zäsur und – damit verbunden – die Bewertung der 1970er Jahre als einer Art „Wasserscheide" in der Geschichte des 20. Jahrhunderts[10]; zweitens die Bewertung der *Gesamtheit* der hier einsetzenden oder wirksam werdenden Veränderungen als „Strukturbruch sowie sozialer Wandel von revolutionärer Qualität"[11] mit ebenso nachhaltigen wie tiefgreifenden Folgen. Schwieriger wird es schon mit einer Antwort auf die Frage nach der Dauer und der Binnenperiodisierung der Epoche nach dem Boom. Vieles spricht dafür, dass sich diese Jahre grob – Schlüsselereignisse und markante Einschnitte

---

S. VIII; konsequent dieser Konzeption folgt Eckart Conze, Die Suche nach Sicherheit. Eine Geschichte der Bundesrepublik Deutschland von 1949 bis zur Gegenwart, München 2009, S. 12 f.

[8] Vgl. die vom Institut für Zeitgeschichte München – Berlin, der Eberhard Karls Universität Tübingen (Anselm Doering-Manteuffel) und der Universität Trier (Lutz Raphael) organisierte Tagung „Vorgeschichte der Gegenwart. Dimensionen des Strukturbruchs nach dem Boom" vom 27. bis zum 29. Juni 2013; http://hsozkult. geschichte.hu-berlin.de/tagungsberichte/id=4980 (Christian Marx).

[9] Anselm Doering-Manteuffel/Lutz Raphael, Nach dem Boom. Perspektiven auf die Zeitgeschichte seit 1970, Göttingen 3., ergänzte Aufl. 2012, S. 118–137.

[10] Geoff Eley, End of the Post-War? The 1970s as a Key Watershed in European History, in: JMEH 9 (2011), S. 12–17.

[11] Doering-Manteuffel/Raphael, Nach dem Boom, S. 29.

kann man im Prozess dieser „stillen Revolution" kaum finden[12] – in zwei Phasen unterteilen lassen: eine Art krisenhafte Inkubationszeit, die bis weit in die 1980er Jahre reichte und im Zeichen des langen Abschieds vom keynesianischen Traum stand[13], und die Entfaltung neuer Ordnungsmuster im Zeichen des Neoliberalismus und des digitalen Finanzmarkt-Kapitalismus, die durch den Zusammenbruch des Ostblocks zwischen 1989 und 1992 erheblich beschleunigt worden ist. Ob dieses Kapitel der neuesten Zeitgeschichte mit dem Ausbruch der Finanzkrise 2008 an ein Ende gekommen ist, entzieht sich noch einer fundierten historischen Bewertung. Einiges spricht freilich dafür.

Die Aufsätze, die sich in diesem Band finden, sind fast alle im Verbundprojekt „Nach dem Boom. Forschungen zur Entwicklung westeuropäischer Industriegesellschaften im letzten Drittel des 20. Jahrhunderts" entstanden, das von der Deutschen Forschungsgemeinschaft gefördert und unter der Leitung von Anselm Doering-Manteuffel und Lutz Raphael an den Universitäten Tübingen und Trier durchgeführt wird[14]. Die Autorinnen und Autoren haben sich die Aufgabe gestellt, das weite Feld der Dekaden nach dem Boom anhand von Fallstudien zu vermessen – Fallstudien, die in der Regel auf noch nicht veröffentlichte Dissertationen oder Habilitationsschriften zurückgehen. Dabei kommen Themen aus den Bereichen Politik, Wirtschaft, Gesellschaft und Kultur gleichermaßen in den Blick. *Silke Mende* und *Martin Kindtner* beschäftigen sich in ihren Beiträgen mit politisch-ideengeschichtlichen Wandlungsprozessen, wobei Mende die Anfangsjahre der Grünen in den Mittelpunkt des Interesses rückt, die sie als „Spiegel und Motor" der Veränderungsprozesse seit den 1970er Jahren begreift, während Kindtner einer Liaison nachgeht, die auf den ersten Blick mehr als ungewöhnlich scheint: der Beziehung zwischen Michel Foucault und dem Neoliberalismus.

Lutz Raphael und *Christian Marx* nehmen sich der Folgen des ökonomischen Strukturwandels aus ganz unterschiedlichen Blickwinkeln an. Raphael geht auf der Basis einer kollektivbiographischen Analyse von Haushaltsdaten im sozio-ökonomischen Panel der Frage nach, wie es sich mit

[12] Hartmut Kaelble, The 1970s: What Turning Point?, in: JMEH 9 (2011), S. 18 ff., hier S. 20; einen Versuch, die Zeit um 1979 als Zäsur zu deuten, hat dagegen vor kurzem Frank Bösch unternommen: Umbrüche in die Gegenwart. Globale Ereignisse und Krisenreaktionen um 1979, in: ZF 9 (2012), S. 8–32.
[13] Vgl. Winfried Süß, Der keynesianische Traum und sein langes Ende. Sozioökonomischer Wandel und Sozialpolitik in den siebziger Jahren, in: Konrad H. Jarausch (Hrsg.), Das Ende der Zuversicht. Die siebziger Jahre als Geschichte, Göttingen 2008, S. 120–137.
[14] Näheres hierzu unter www.nach-dem-boom.uni-tuebingen.de/index.php.

den Gewinnern und Verlierern in der westdeutschen Industriearbeiter-
schaft zwischen Mitte der 1970er und Mitte der 1990er Jahre verhielt und
welche Strategien der Anpassung nötig waren, um den veränderten Bedingungen und Anforderung zu begegnen. Marx hingegen zeichnet am Beispiel
eines Unternehmens der Chemieindustrie den Aufstieg einer Institution
nach, die als Symbol der neoliberalen Wende gilt: der Unternehmensberater
von McKinsey. In diesen Zusammenhang von Krise und Strukturwandel
passt auch der Aufsatz von *Tobias Gerstung*, der sich mit dem Niedergang
und dem partiellen Wiederaufstieg altindustrieller Städte am Beispiel Glasgows befasst und die verschiedenen Konzepte des Neuanfangs nach Kohle,
Stahl und Werften nachzeichnet. Ob die schöne neue Welt der *Creative City*
vor idyllischer Hafenkulisse jedoch dauerhaft Bestand hat, bleibt nach Ausbruch der Finanzkrise abzuwarten.

Fernando Esposito versucht in seinem Beitrag, die „Symptome eines
Zeit-Geists im Wandel" zu beschreiben, das Lebensgefühl insbesondere der
jungen Generation einzufangen, das sich im Zeichen von Wirtschaftskrise,
Umweltzerstörung und Kriegsangst zu dem vielzitierten Schlagwort *No Future*
verdichtete, und daraus veränderte zeittypische Wahrnehmungsstrukturen
und Erfahrungshorizonte abzuleiten. *Hannah Jonas* und *Tobias Dietrich*
untersuchen in ihren Beiträgen Aspekte der Sport- und Konsumgeschichte
nach dem Boom. Während Jonas herausarbeiten kann, dass die heute so
selbstverständlich anmutende Symbiose zwischen Profifußball und Fernsehen das Produkt einer konfliktreichen Beziehung war, die erst mit der
Einführung des Privatfernsehens eine entscheidende Wende erfuhr, verweist
Dietrich auf die konsum- und alltagsgeschichtliche Relevanz des Laufsports
als neue Form körperlicher Praxis seit den 1970er Jahren – einer neuen
Form körperlicher Praxis zwischen Sinnsuche und Kommerz.

Umrahmt werden diese acht Aufsätze von den beiden Beiträgen *Morten
Reitmayers* und *Anselm Doering-Manteuffels*. Reitmayer zielt durch seinen
Vergleich zwischen dem ausgehenden 19. und dem ausgehenden
20. Jahrhundert auf eine größere historische Tiefenschärfe ab und stellt zugleich das Nach dem Boom-Projekt eingehender vor. Dieses Projekt wurde
maßgeblich von Lutz Raphael und Anselm Doering-Manteuffel entwickelt,
der in seinem abschließenden Aufsatz eine erste Bilanz zieht und die Prämissen kritisch hinterfragt, von denen das Unternehmen vor einigen Jahren seinen Ausgang nahm. Sein Resümee dient nicht zuletzt der Präzisie-
rung des Verhältnisses von Kontinuität und Bruch seit den 1970er Jahren
und bringt die gegenwartsnahe Zeitgeschichte im besten Sinne des Wortes
ins Gespräch.

Morten Reitmayer
Nach dem Boom – eine neue *Belle Époque*?
Versuch einer vorläufigen Synthese

1. Verwandte Umbruchzeiten?

Auf den ersten Blick erscheint es paradox, den schwierigen Jahrzehnten nach dem Auslaufen der exzeptionellen wirtschaftlichen Nachkriegsprosperität ein Etikett zu verleihen, das ganz allgemein mit der glanzvollen Epoche einer ebenso vergnügungssüchtigen wie prosperierenden Gesellschaft und darüber hinaus mit einer politisch dominierenden metropolitanen Bourgeoisie assoziiert wird – ganz abgesehen davon, dass der Terminus *Belle Époque* bislang ausschließlich einem kurzen französischen oder sogar nur auf Paris beschränkten historischen Zeitabschnitt gewidmet worden ist –, während die hier fragliche Zeitspanne bislang mit ganz anderen Etikettierungen belegt wurde[1]: Vom „Ende der Zuversicht" ist die Rede, von der „großen Ernüchterung", von „gedämpften Erwartungen", und vom „Ende des keynesianischen Traums"[2]. Alle diese Titel legen es nahe, zumindest die Geschichte der 1970er Jahre als eine Geschichte des Verlusts, des Endes oder des Niedergangs zu erzählen: des Verlusts des uneingeschränkten Vertrauens auf den „Fortschritt" der Geschichte, des Endes des selbstverständlichen Wirtschaftswachstums und der Vollbeschäftigung sowie des Niedergangs des sozialdemokratisch grundierten Reformoptimismus.

Es gibt daneben noch weitere Zugriffe auf die Geschichte der 1970er Jahre – etwa Wolfgang Streecks politökonomisch ausgerichtete These der beginnenden (und fortdauernden) Scheidung von Kapitalismus und Demokratie[3]. Am prominentesten ist sicherlich Bernd Faulenbachs *label* des „sozialdemokra-

---

[1] Ich danke Martin Kindtner und Christian Marx für kritische Kommentare zu einer früheren Fassung dieses Beitrags.
[2] Konrad H. Jarausch (Hrsg.), Das Ende der Zuversicht? Die siebziger Jahre als Geschichte, Göttingen 2008; darin (S. 120–137): Winfried Süß, Der keynesianische Traum und sein langes Ende. Sozialökonomischer Wandel und Sozialpolitik in den siebziger Jahren; Tim Schanetzky, Die große Ernüchterung. Wirtschaftspolitik, Expertise und Gesellschaft in der Bundesrepublik 1966 bis 1982, Berlin 2007; Tony Judt, Die Geschichte Europas seit dem Zweiten Weltkrieg, Bonn 2006, S. 509–547 („gedämpfte Erwartungen").
[3] Vgl. Wolfgang Streeck, Re-Forming Capitalism. Institutional Change in the German Political Economy, Oxford 2009; jetzt zugespitzter Wolfgang Streeck, Gekaufte Zeit. Die vertagte Krise des demokratischen Kapitalismus, Berlin 2013.

tischen Jahrzehnts"[4] geworden, dem aber von Anfang an die Verengung der gesellschaftsgeschichtlichen Perspektive auf eine parteipolitische Konstellation sehr begrenzter Reichweite und Aussagekraft entgegengehalten worden ist[5].

Gegenüber diesen Verlustgeschichten und Engführungen hat der Nach dem Boom-Ansatz von Anfang an statt des „Endes des Alten" stärker die „Entstehung des Neuen" betont – und auch damit die Relevanz dieser Epoche für die Gegenwart. Der Aufstieg des digitalen Finanzmarkt-Kapitalismus, so eine seiner Grundannahmen, habe in seiner Koppelung der umfassenden Digitalisierung von Wirtschaft und Gesellschaft mit dem nun in die Praxis umgesetzten Monetarismus der bis dahin wenig wirkungsmächtigen wirtschaftswissenschaftlichen Schule aus Chicago sowie mit einem neuen radikalen Individualismus als sozialethischer Letztbegründung und gesellschaftlicher Zielperspektive einen Strukturbruch und einen sozialen Wandel von revolutionärer Qualität evoziert, der die Post-Boom-Epoche deutlich von der vorangehenden (fordistischen, keynesianischen, konformistischen) Boom-Ära trenne. Die Erosion der etablierten Volksparteien, die stark zunehmende Frauenerwerbstätigkeit und die Bildungsexpansion stellen nur drei umstürzende Prozesse dar, die diesem Wandel Gestalt und Richtung gegeben haben.

Zur Untersuchung dieser und anderer Prozesse der Post-Boom-Epoche empfahlen Anselm Doering-Manteuffel und Lutz Raphael eine stärkere Beachtung der Politischen Ökonomie (ohne dieser einen Primat zuzusprechen) und vor allem eine stärkere Aufmerksamkeit für „Wahlverwandtschaften" und „Verstärkereffekte" bei der Ausbreitung marktförmiger Ordnungsmodelle und Regulierungsmodi[6]. Mit dieser Leitperspektive und den von Doering-Manteuffel und Raphael vorgeschlagenen Forschungsfeldern einer „Zeitgeschichte nach dem Boom" verband sich eine weitere Grundannahme, dass nämlich die Post-Boom-Epoche mit den Kategorien, die aus der Be-

---

[4] Vgl. die Arbeiten von Bernd Faulenbach, Die Siebzigerjahre – ein sozialdemokratisches Jahrzehnt?, in: AfS 44 (2004), S. 1–37, und Das sozialdemokratische Jahrzehnt. Von der Reformeuphorie zur neuen Unübersichtlichkeit. Die SPD 1969–1982, Bonn 2011.
[5] Vgl. etwa Konrad H. Jarausch, Krise oder Aufbruch? Historische Annäherungen an die 1970er-Jahre, in: ZF 3 (2006), S. 334–341; Frank Bösch, Die Krise als Chance. Die Neuformierung der Christdemokraten in den siebziger Jahren, in: Jarausch (Hrsg.), Ende der Zuversicht, S. 288–301; vgl. auch Jan Hansen: Rezension zu Faulenbach, Sozialdemokratisches Jahrzehnt, in: H-Soz-u-Kult vom 3. 1. 2012 (http://hsozkult. geschichte.hu-berlin.de/rezensionen/2012-1-003).
[6] Anselm Doering-Manteuffel/Lutz Raphael, Nach dem Boom. Perspektiven auf die Zeitgeschichte seit 1970, Göttingen 3., ergänzte Aufl. 2012, S. 8.

schäftigung mit der „Hochmoderne" (etwa der strukturellen Koppelung von unterschiedlichen Basisprozessen wie Industrialisierung, Urbanisierung, Bürokratisierung, Klassenbildung und dem Entstehen von Massenorganisationen oder die Behauptung der schockartigen Erfahrungen durch die Beschleunigung sozialer Wandlungsprozesse) gewonnen worden waren, nicht angemessen zu untersuchen sei[7].

Warum dann aber mit dem Begriff der *Belle Époque* ein Rückgriff auf das ausgehende 19. Jahrhundert, also den Beginn der „Hochmoderne"? Zunächst aus einem recht einfachen Grund, der die ersten empirischen Ergebnisse des Forschungsverbunds reflektiert: Diese Befunde rechtfertigen es nämlich keineswegs, das letzte Drittel des 20. Jahrhunderts vornehmlich im Lichte einer Niedergangs- oder Verlustgeschichte zu beschreiben, wie es aus den Kategorien der „Hochmoderne" folgt, deren Ausstrahlungskraft in dieser Zeit tatsächlich zu verblassen begannen. Vielmehr legen sie es nahe, den Blick gerade auf den *Aufstieg* neuer Ordnungsmodelle, Konsummuster, typischer beruflicher Laufbahnen und Partizipationsformen sowie auf den *Zuwachs* von Handlungsspielräumen – auch solche materieller Natur – zu lenken, die durch eine lediglich abgebremste, aber grundsätzlich fortgesetzte und nur von den außergewöhnlich hohen Wachstumsraten der Nachkriegszeit gewissermaßen auf ein historisches Normalmaß herabgestufte ökonomische Prosperität eröffnet wurden[8].

Doch rechtfertigt ein solcher Perspektivwechsel die affirmativ erscheinende Bezeichnung *Belle Époque?* Lässt sich die Nach dem Boom-Ära, also die Phase nach den *trente glorieuses*, nach dem „goldenen Zeitalter", tatsächlich als eine Epoche der Stabilität, der Zufriedenheit und des wirtschaftlichen Erfolgs interpretieren? Um diesem Perspektivwechsel Plausibilität zu verleihen, sind zwei Gedankenschritte nötig: Zum einen müssen die Befunde der Nach dem Boom-Forschergruppe systematisiert werden; zum anderen gilt es, den Terminus *Belle Époque* zu präzisieren. Dabei fällt sofort auf, dass dieser Begriff von der Geschichtswissenschaft kaum als analytische Kategorie verwendet wurde[9] – am ehesten noch in der Literatur- und der

---

[7] Vgl. Ulrich Herbert, Europe in High Modernity. Reflections on a Theory of the 20th Century, in: JMEH 5 (2007), S. 5–20; Lutz Raphael, Ordnungsmuster der „Hochmoderne"? Die Theorie der Moderne und die Geschichte der europäischen Gesellschaften im 20. Jahrhundert, in: Ute Schneider/Lutz Raphael (Hrsg.), Dimensionen der Moderne. Festschrift für Christof Dipper, Frankfurt a. M. 2008, S. 73–91.
[8] Vgl. Werner Abelshauser, Deutsche Wirtschaftsgeschichte seit 1945, München 2004, S. 44ff.
[9] Beispielhaft dafür Jean-Baptiste Duroselle, La France de la „Belle Époque", Paris 1972, für den der Titelbegriff keine weitere Bedeutung für seine Untersuchung hat.

Kunstgeschichte[10] –, sondern in aller Regel mit zwei verschiedenen Bedeutungen eingesetzt wird: Einerseits dient der Terminus dazu, eine Epoche der scheinbar stabilen bürgerlichen Klassenherrschaft zu etikettieren, eine „Belle Époque der Bourgeoisie"[11], in der vor allem die zentralen Institutionen dieser herrschenden Klassen – eine internationale Arbeitsteilung mit extrem ungleichen Austauschbeziehungen und deshalb stabilen Profiten für die europäischen Unternehmerklassen, eine stabile Währung in den starken europäischen Zentralstaaten[12], und ganz allgemein die sozialen Hierarchien der bürgerlichen Gesellschaft – von beruhigender Sicherheit erschienen. Andererseits etablierte sich der Begriff Belle Époque in der älteren Kulturgeschichte als Synonym für eine Zeit, während der in Frankreich oder zumindest in Paris (das einen enormen städtebaulichen Wandel durchgemacht hatte) die schönen Künste florierten beziehungsweise durch neue künstlerische Avantgarden belebt wurden und in der gleichzeitig, in Wechselwirkung damit und befeuert durch steigenden Wohlstand und politische Stabilität, neue Formen der Massenkultur entstanden. Für alle Gesellschaftsschichten, besonders jedoch für die Oberklassen, schienen Jahre des Vergnügens, die „Jahre des Banketts", angebrochen[13].

In dieser essenzialistischen Schlichtheit besitzt der Begriff der Belle Époque nur einen begrenzten heuristischen Wert. Wenn auch von der älteren Historiographie wenig beachtet, deutet diese Bezeichnung jedoch bereits darauf hin, dass neue Formen und Orte der bürgerlichen Geselligkeit und damit auch der politischen Kommunikation wie der Zirkulation von Ideen entstanden waren und zentrale Merkmale der Belle Époque darstellten. Lenkt man den Blick stärker auf die Beziehungen und Wechselwirkungen zwischen den (unterstellten) Charakteristika der Epoche, so lassen sich weitgreifende Ambivalenzen und Spannungsverhältnisse ermitteln, die sich zu einem robusten und erfolgversprechenden Vergleichsraster für die Jahrzehnte vor dem Ersten Weltkrieg mit dem ausgehenden 20. Jahrhundert zusammenfügen.

[10] Vgl. etwa Paul Ducatel, Historie de la IIIe Republique, Bd. 3: La Belle Époque (1891–1910), Paris 1976; Monika Dorothea Kautenburger (Hrsg.), La France et l'Italie entre „Fin de Siècle" et „Belle Époque". Études littéraires et culturelles, Hamburg 2008.
[11] Eric J. Hobsbawm, Das imperiale Zeitalter 1875–1914, Frankfurt 1989, S. 110f.
[12] Vgl. Jean-Marie Mayeur/Madeleine Rebérioux, The Third Republic from its Origins to the Great War 1871–1914, Cambridge 1984, S. 324.
[13] Roger Shattuck, Die Belle Epoque. Kultur und Gesellschaft in Frankreich 1885–1918, München 1963 (im Original: The Banquet Years); vgl. Richard Wires, Paris. La Belle Epoque, in: Conspectus of History I/4 (1977), S. 60–72.

Hinzu kommt ein Weiteres: Eine zentrale Annahme des Nach dem Boom-Ansatzes besteht in der Behauptung des Strukturbruchs, der die Epoche des Booms von der Zeit danach trennt. Ein solcher Strukturbruch muss auch am Beginn der klassischen *Belle Époque* gestanden haben. Trotz des bekannten Konservatismus' der französischen Gesellschaft des 19. Jahrhunderts trennten die Etablierung des Parlamentarismus, die Intensivierung der nationalen Kommunikation durch Eisenbahnen und die Massenpresse, das säkularisierte Bildungssystem und die Herrschaft der oberen Mittelklassen das Frankreich des *Second Empire* von der klassischen *Belle Époque*. Der mögliche Ertrag des Epochenvergleichs ist also darin zu suchen, erstens bislang verborgene oder vernachlässigte Wechselwirkungen zwischen Einzelfaktoren zu entdecken und zweitens das Ausmaß und die Qualität der Strukturbrüche zu vergleichen. Schließlich gilt es, eine gewisse „Kurzatmigkeit" der Zeitgeschichte zu vermeiden, die häufig dazu tendiert, Krisengeschichten hektisch aneinanderzureihen, um ihr statt dessen einen etwas längeren Atem zu geben und längere Zeiträume in den Blick zu nehmen.

Zu einem solchen Vergleichsraster gehört erstens die ungebrochene, wenn auch heftigen konjunkturellen Schwankungen unterworfene wirtschaftliche Dynamik der klassischen *Belle Époque* im Rahmen einer liberalen Politischen Ökonomie und unter der Hegemonie der Finanzmärkte, in der sich durch wissenschaftlich-technische Innovationen neue Leitsektoren herausbildeten und eine Verschiebung der internationalen Arbeitsteilung erfolgte. Gleichzeitig erlangte die Konsumgüterindustrie eine große Bedeutung, und gleichzeitig erfolgte eine zunehmende Tertiarisierung. Diese wirtschaftliche Dynamik bewirkte, zweitens, ein allgemein steigendes Wohlstandsniveau, das wiederum auf die Entwicklung der Konsumgüter- und der Dienstleistungsproduktion zurückwirkte. Die ungleiche Verteilung der Wohlstandsgewinne führte allerdings auch zu neuen sozialen Disparitäten. Drittens entstanden daraus während der klassischen *Belle Époque* neue, zum Teil ausgesprochen hedonistische Formen der Massenkultur und des Massenkonsums mit der Folge, dass ältere soziale Bindungen, Gesellungsstile und Formen der Vergemeinschaftung an Bedeutung verloren[14]. Diese Konsummuster, deren Verbreitung im Wesentlichen durch Markterfolge geschah, wurden übrigens im Wesentlichen von den Oberen Mittelschichten sowie durch neue kulturelle Avantgarden bestimmt. Als ausgesprochen metropolitane Epoche kann die *Belle Époque* viertens nicht ohne die stadt-

---

[14] Vgl. Stefanie Middendorf, Massenkultur. Zur Wahrnehmung gesellschaftlicher Modernität in Frankreich 1880–1980, Göttingen 2009.

räumliche Umgestaltung von Paris gedacht werden, die eine neue Urbanität schuf, deren soziale Kosten allerdings – einmal mehr – höchst ungleich verteilt waren. Fünftens ist die erstaunliche politische Stabilität der *Belle Époque* hervorzuheben, die zwar heftige Krisen durchlebte (Boulanger, Dreyfus, Aufstieg der Arbeiterbewegung), diese aber im Wesentlichen unbeschadet für das System der politischen Willensbildung meisterte. Sechstens verliehen die außerordentlich vitalen und produktiven wissenschaftlichen, künstlerischen und intellektuellen Bewegungen der *Belle Époque* ihr spezifisches Gepräge. Diese Bewegungen zielten jedoch nicht auf eine einfache Kumulation des wissenschaftlichen und kulturellen Wissens, sondern postulierten ganz im Gegensatz dazu den Bruch mit den Wissensformen und -praktiken der Vergangenheit (von Bergsons Lebensphilosophie über Jarrys Ubu Roi bis zu Sorels Gewaltphilosophie, der Kriminologie Tardes, die schnell von der Massenpsychologie Le Bons fortentwickelt wurde, und der französischen Nietzsche-Rezeption[15]), die auch einen ganz neuen Zugriff auf die ihnen unterworfenen Subjekte forderten. Siebtens schließlich entwickelte sich in der *Belle Époque* eine neue Körperlichkeit und eine neue Geschlechterordnung. Erst die Spannungen und die Wechselwirkungen zwischen diesen Prozessen verliehen den wirtschaftlichen, sozialen, kulturellen und politischen Bewegungen der Epoche ihre Richtung und Stärke.

2. Nach dem Boom und *Belle Époque*

Diese Begriffsbestimmung und der damit verbundene Themenrahmen waren nicht leitend für die Fragestellungen der Nach dem Boom-Forschergruppe (deren Mitglieder nicht alle in diesem Sammelband vertreten sind, die aber doch namentlich genannt werden sollen). Doch sind die Strukturähnlichkeiten in ihren ersten Befunden, die hier nur in der gebotenen Kürze diskutiert werden können, und den noch zu erwartenden Ergebnissen verblüffend. Zahlreiche der von ihr bearbeiteten Themenfelder wurden von dem diskontinuierlichen Wirtschaftswachstum seit der Mitte der 1970er Jahre mehr oder weniger tiefgreifend beeinflusst. Dies betraf nicht nur die Unternehmen selbst, die sich nun in vielerlei Hinsicht an marktförmigen Handlungsimperativen ausrichteten – von einer stärkeren Orientierung an ihren Konsumenten bis hin zum Einkauf externen Management-Wissens. Vielmehr scheint der Aufstieg des Markts als Regulationsmodus ein weit

---

[15] Vgl. Venita Datta, Superwomen or Slaves? Women Writers, Male Critics, and the Reception of Nietzsche in Belle-Epoque France, in: Historical Reflections/Réflexions Historiques 33 (2007) H. 3, S. 421–447.

umfassenderer Prozess gewesen zu sein, bis hin zur Kommodifizierung der Wirtschaftsunternehmen selbst[16].

Wachstumsstockungen und die neue internationale Arbeitsteilung, die zahlreiche Traditionsindustrien aus Westeuropa verschwinden ließ (die den Exportindustrien aber auch neue Expansionschancen eröffneten), prägten die Städte und Regionen des Kontinents. Hafenstädte mussten sich in Dienstleistungszentren verwandeln, weil der Schiffbau nicht mehr rentabel war, und errichteten auf den zugeschütteten Docks Hochhausanlagen, wie in Glasgow; sie konnten aber auch unverhofft von einer Verschiebung der internationalen Warenströme und der Transportrevolution der Containerschifffahrt profitieren (wenn sie über genug Flächen verfügten) wie Hamburg. In jedem Fall standen sie vor der Aufgabe, neue Formen der Urbanität zu entwickeln, die maßgeblich von einer zahlungskräftigen Mittelschicht bestimmt wurde, wie die Befunde von *Tobias Gerstung* und *Arndt Neumann* zeigen. Darüber hinaus verweisen diese Untersuchungen auf die große Bedeutung, die der Rückzug des Staates und der Vormarsch privatwirtschaftlicher Interessen für die Ausgestaltung dieses Prozesses und seinen Verlauf besaßen.

In die gleiche Richtung deuten die Befunde von *Lutz Raphael* zum Wandel der Industriearbeit[17]. Zwar bauten fast alle Industriebranchen Arbeitsplätze ab (außer dem Fahrzeugbau, der eine deutliche Expansion erlebte), aber die Auswirkungen auf die Beschäftigten waren sehr unterschiedlich und hingen nicht allein von der Konjunkturentwicklung in den einzelnen Branchen und Regionen ab. Außerdem eröffneten der Generationswechsel in den Führungsetagen vieler mittelständischer Unternehmen (deren quantitative Bedeutung als Arbeitgeber deutlich zugenommen hatte) im Verein mit der Novellierung von Betriebsverfassung und Mitbestimmung einen neuen Möglichkeitsraum der Partizipation innerhalb der Unternehmen, der von neopatriarchalischen betrieblichen Sozialordnungen bis hin zu „integrativen Bürgergesellschaften" reichte. „Flexibilität" war für die Beschäftigten gleichermaßen eine Herausforderung und eine Chance. Erweiterte Handlungsspielräume bargen immer auch Gefahren; ihre Kosten und Chancen waren ungleich verteilt – und diese Ungleichheit nahm im Lauf der Zeit vermutlich weiter zu. „Flexibilität" wurde auch von den Arbeitslosen

[16] Vgl. hierzu in Kürze: Morten Reitmayer, Fallstudien zum Aufstieg und den Grenzen des Marktes, in: Ralph Jessen u. a. (Hrsg.), Konkurrenzkulturen.
[17] Diesem Themenfeld ist bereits ein Sammelband gewidmet worden: Knud Andresen/ Ursula Bitzegeio/Jürgen Mittag (Hrsg.), Nach dem Strukturbruch? Kontinuität und Wandel von Arbeitswelten, Bonn 2011.

gefordert, die ständig verschärften Kriterien der Zumutbarkeit von Lohn-arbeit unterlagen. Der sozial- und humanwissenschaftlich legitimierte Zugriff auf die Arbeitslosen intensivierte sich, so die Überlegungen von *Wiebke Wiede*, gerade in einer Zeit zunehmender Arbeitslosigkeit.

Wachsende Ambivalenzen und Spannungsverhältnisse prägten die Neu-arrangements der Industriearbeit in der Bundesrepublik, nachdem es in der Boom-Epoche zu einer „Homogenisierung" der Arbeiterschaft gekom-men war[18]. Von den Folgen der Verberuflichung der Industriearbeit scheinen dennoch bis in die 1990er Jahre recht viele Beschäftigte profitiert zu haben, bevor der Primat der kurzfristigen Profitmaximierung im digitalen Finanz-marktkapitalismus und die neoliberalen Arbeitsmarktreformen der 1990er Jahre dieses Verhältnis ins Ungünstige verschoben und die neue *Belle Époque* für die abhängig Beschäftigten zunehmend ungemütlich wurde.

Die Auswirkungen der Wirtschaftsentwicklung auf Unternehmen, Arbeits-märkte, Städte und Regionen sind offensichtlich. Nicht weniger wichtig waren jedoch die Rückwirkungen auf die ökonomischen Prozesse. So war die Chance zur erfolgreichen Neuausrichtung der von *Christian Marx* unter-suchten Chemieunternehmen auch abhängig von der Güte ihrer national- und unternehmensspezifischen Arbeitsbeziehungen. Industrieregionen wie der durch den Automobilbau geprägte Großraum Stuttgart waren keines-wegs zwangsläufige Verlierer des sogenannten Strukturwandels, wenn sie über die ökonomischen, sozialen und wissenschaftlich-kulturellen Ressourcen verfügten, die es den Unternehmen erlaubten, den Anteil der „immateriellen Wertschöpfung" an der industriellen Produktion zu erhöhen. Auch hier erfolgte nach Ansicht von *Marc Bonaldo* eine tendenzielle Abkehr von hier-archischen und eine Zunahme von marktförmigen Koordinierungsversu-chen. Eine systematische und vergleichende Analyse dieser Resilienzpoten-tiale steht allerdings noch aus.

Eine Möglichkeit der Arbeitnehmer, auf die zunehmend unsichere Beschäftigungssituation durch eine verstärkte „Flexibilität" zu reagieren, bestand in einer erhöhten räumlichen Mobilität. Die Bereitschaft zum Umzug oder zum dauerhaften Berufspendeln war in der Bevölkerung offen-sichtlich sehr unterschiedlich verbreitet, und die Pendler profitierten von ihrer Entscheidung zur Mobilität keineswegs immer, wie *Raphael Dorn* vermutet, relativ zu den Beschäftigungsgruppen ihrer Herkunftsregion.

---

[18] Josef Mooser, Abschied von der „Proletarität". Sozialstruktur und Lage der Arbei-terschaft in der Bundesrepublik in historischer Perspektive, in: Werner Conze/M. Rainer Lepsius (Hrsg.), Sozialgeschichte der Bundesrepublik Deutschland. Beiträge zum Kontinuitätsproblem, Stuttgart 1983, S. 143–186.

Neben der Wirtschaftsentwicklung und auf diese zurückwirkend prägte aber auch die Bildungsexpansion (von der überwiegend die Mittelschichten profitierten) zahlreiche Städte und Regionen (und Mobilitätsmuster) durch die – von *Sara Kröper* untersuchten – Neugründungen von Universitäten, was Rückwirkungen auf Urbanität, regionale Arbeitsmärkte („Tertiarisierung") und berufliche Mobilität entfaltete.

Massenkulturelle Phänomene standen von Anfang an im Zentrum des Interesses der Nach dem Boom-Forschergruppe. Besondere Aufmerksamkeit richtete sich dabei auf den vermuteten Übergang von der konformistischen Konsumgesellschaft der Boom-Epoche zu den Wahl- und Distinktionsmöglichkeiten der Konsumentengesellschaft. Allerdings steht die Periodisierung in diesem Bereich vor dem Problem, dass Ereignisse von eindeutigem Zäsurcharakter kaum auszumachen sind und dass aufgrund der Eigenlogiken der verschiedenen Handlungsfelder ganz unterschiedliche Dynamiken und Verdichtungen entstanden.

Eigenzeitlichkeiten in den unterschiedlichen Handlungsfeldern werden besonders in der von *Hannah Jonas* untersuchten Kommodifizierung des Profifußballs deutlich. Hier mussten in der Bundesrepublik erst ganz unterschiedliche Kräfte zusammenwirken, bevor in der zweiten Hälfte der 1980er Jahre ein neues „Produktionsmodell" etabliert werden konnte: Die Krise des Stadionfußballs, der den (gewachsenen) Ansprüchen der Zuschauer – vor allem aus den nun als Konsumenten heftig umworbenen Mittelschichten! – immer weniger genügte, der Aufstieg eines zahlungskräftigen Privatfernsehens und der Niedergang des Bildungsanspruchs im öffentlich-rechtlichen Rundfunk, die Finanzkrise vieler Bundesligavereine, und nicht zuletzt ein Generationswechsel unter den Fußballfunktionären.

Eine der neuen Wahl- und Distinktionsmöglichkeiten stellte das Jogging dar, in dem sich Jogger, *Runner* und „Sportler für andere" semantisch und praktisch voneinander abgrenzten. In der von *Tobias Dietrich* untersuchten neuen körperlichen Praxis kreuzten sich Momente der Verwissenschaftlichung einer besonderen Freizeitgestaltung mit einem veränderten Umgang mit Sexualität und neuen, stärker individualisierten Gesellungsstile, bis aus dem mittelschichtsdominierten Nischenphänomen eine neue Vorstellung von Gesundheit entstanden war – die „Salutogenese", die sich im Slogan „schick, schlank, schön" verdichtete. Die Durchsetzung ihrer neuen Körperbilder wiederum war nicht denkbar ohne die Vermarktlichung der neuen Freizeitgestaltung und ohne das Interesse und die Fähigkeit der Konsumgüter-, oder besser: Freizeitindustrie, den neuen Trend marktförmig zu gestalten.

Die Absage an die fortschrittsorientierten Großerzählungen der Boom-Epoche hat in der sozialwissenschaftlichen Theoriebildung kaum jemand wirkungsmächtiger formuliert als Michel Foucault. Nicht mehr die vom gedachten Zielpunkt der Aufklärung her gewonnene Erkenntnis der Auswüchse der Moderne und deren Ablehnung oder Überwindung stellte für ihn den Königsweg dar, sondern deren kritische Genealogie; nicht mehr Hegel, Marx und Freud waren die Richtungsgeber, sondern Nietzsche. Die Einbettung von Foucaults Denkbewegung in das intellektuelle Feld Frankreichs, wie *Martin Kindtner* sie vornimmt, macht deutlich, dass der ideengeschichtliche Bruch keine Folge der wirtschaftlich-sozialen Krisen der 1970er Jahre darstellte, sondern ganz eigenen Zeitlichkeiten folgte, jedoch durch die Wechselwirkungen mit den Begleitprozessen der ökonomischen Umbrüche ganz erhebliche Folgewirkungen entfaltete: Die Handlungssicherheit der „progressiven Kräfte" der Boom-Epoche, den „Fortschritt" zu repräsentieren, war damit verloren gegangen; die Arbeiterklasse als historisches Subjekt hatte aufgehört, den Bezugspunkt des „Fortschritts" zu repräsentieren.

Eine ähnlich tiefe Zäsur diagnostiziert *Fernando Esposito* hinsichtlich des Zeitbewusstseins, weil der Niedergang des Fortschrittsnarrativs durch die Enttäuschung über dessen nicht eingelösten Versprechungen zu einer Fixierung auf die Gegenwart führte, die sich nicht zuletzt im Slogan „No Future" artikulierte. Doch trotz dieser Absagen an die Leitkategorien „Fortschritt" und „Modernisierung" zeigen die Forschungen von *Maria Dörnemann*, dass sich an der Praxis der „Modernisierung" afrikanischer Gesellschaften wenig änderte, auch nachdem sich internationale Organisationen von diesen Kategorien semantisch verabschiedet hatten.

Diese Revue der ersten Befunde der Nach dem Boom-Forschergruppe legt einige vorläufige Schlussfolgerungen nahe: Bemerkenswert sind nicht nur die Aufbrüche in den unterschiedlichsten Feldern – Ökonomie, Kultur, Politik –, sondern vor allem ihr *Gelingen*. Die Aufbrüche – mit all ihren sozialen Kosten –, und weniger die Niedergänge, prägten die 1970er und 1980er Jahre. Zunehmende Vielfalt und Ungleichheit verliehen ihnen ihr Gesicht; Konsum war häufig der Motor dieser Bewegungen, und marktförmige Regulierungen gaben die Richtung vor. Die Zeitdiagnosen, die diese Dynamiken einzuordnen suchten, weisen in ihren Bekenntnissen zum Bruch mit den Gewissheiten der Vergangenheit, ja zur Epochenzäsur darauf hin, dass die Umbrüche in der Produktion kultureller Güter am tiefsten – oder: am frühesten! (hier ist das letzte Wort noch nicht gesprochen) – erfolgten. Die Antworten auf diese Fragen werden auch Aufschluss darüber geben ob die Ära nach dem Boom tatsächlich eine neue *Belle Époque* darstellte.

Silke Mende

Eine Partei nach dem Boom
Die Grünen als Spiegel und Motor ideengeschichtlicher
Wandlungsprozesse seit den 1970er Jahren

1. Ein gewaltfreier Spaziergang

Bei den Bundestagswahlen am 6. März 1983 zog mit den Grünen eine selbst
ernannte „Anti-Parteien-Partei" in den Bundestag ein, wobei nicht abzu-
sehen war, dass sich die neue Kraft fest in Politik und Gesellschaft der
Bundesrepublik etablieren sollte. Als sich am 29. März 1983 der zehnte
Deutsche Bundestag konstituierte, sprachen dennoch viele Zeitgenossen
von einem denkwürdigen Tag in der westdeutschen Parlamentsgeschichte.
Großer Medienaufmerksamkeit konnte sich die grüne Bundestagsfraktion
also gewiss sein, und sie machte sich ausführlich Gedanken darüber, wie
diese zu nutzen sei, um ihren Anliegen und ihrem Politikverständnis Ausdruck zu verleihen. Bei einem „gewaltfreien Spaziergang", den die Fraktion
vom Bonner Hauptbahnhof über die Innenstadt bis zum Bundeshaus unternahm, wurde sie bis zu den Pforten des Parlaments von zahlreichen Vertretern ihrer „Basis" begleitet, den Mitgliedern deutscher und ausländischer
Bürgerinitiativen. Die Abgeordneten trugen Blumentöpfe und Nadelzweige,
zwei schulterten gar einen vom Waldsterben gezeichneten Nadelbaum, auch
ein großer Luftballon fehlte nicht, der den bedrohten „blauen Planeten"
symbolisieren sollte. Die Botschaft lautete: Hier kommt nicht nur eine
Handvoll grüner Abgeordneter, mit ihnen zieht die gesamte grüne Bewegung
in den Bundestag ein[1].

Diese Szene ist inzwischen Teil der bundesdeutschen Zeitgeschichte
geworden – und die Grünen sind ein fest etablierter Bestandteil im Parteiensystem der Bundesrepublik: Zwischen 1998 und 2005 stellten sie gemeinsam
mit der SPD die Bundesregierung, und seit Mai 2011 regiert mit Winfried
Kretschmann in Baden-Württemberg der erste grüne Ministerpräsident.
Dies hat einmal mehr den Blick darauf gelenkt, dass die Grünen mehr sind

---

[1] Vgl. Die Grünen im Bundestag. Sitzungsprotokolle und Anlagen 1983–1987, Teilbd. 1,
hrsg. von Josef Boyer und Helge Heidemeyer, Düsseldorf 2008, S. 48f., Dok. 9: 22.3.
1983 – Fraktionssitzung, Anlage B: Szenariovorschlag von Heinz Suhr für die konsti-
tuierende Sitzung, und Süddeutsche Zeitung vom 30.3.1983: „Das Hohe Haus unter-
drückt sein Staunen" (Martin E. Süskind); dort auch das Zitat von Petra Kelly.

als eine klassische linke Partei: Der engagierte Katholik und Wertkonservative Kretschmann steht für Themen und Denkfiguren, die neben einer ganzen Reihe weiterer Traditionsstränge ebenfalls ihren Platz in der grünen Partei haben.

Die erste Fraktion der Grünen auf dem Weg zur konstituierenden Sitzung des 10. Deutschen Bundestags am 29. März 1983 (Quelle: dpa).

Als sich die Grünen am 12. und 13. Januar 1980 in Karlsruhe als Bundespartei konstituierten, war die neuartige ideologische Mischung, die sie repräsentierten, noch weitaus deutlicher erkennbar: Ihr Spektrum reichte von konservativen Naturschützern über verschiedene Verfechter eines Dritten Wegs – darunter Anhänger völkischer Denkmuster – bis hin zu undogmatischen Linken und Teilen kommunistischer Kadergruppen. „Nicht rechts, nicht links, sondern vorn" lautete denn auch eine häufige Selbstcharakterisierung aus grünen Gründungstagen, mit der die Protagonisten hervorheben wollten, dass es eine Partei wie die ihre noch nicht gegeben hatte. Doch wie neu waren die Grünen wirklich und inwiefern spiegelten sie jene Veränderungen der 1970er Jahre wider, die von der zeithistorischen

Forschung mit markanten Etiketten wie „Das Ende der Zuversicht" oder „Nach dem Boom" belegt worden sind[2]?

Mit den „Gründungsgrünen" steht eine politisch-ideologische Formation der 1970er und frühen 1980er Jahre im Mittelpunkt dieses Beitrags, die aus politik- und sozialwissenschaftlicher Perspektive bereits zeitgenössisch große Aufmerksamkeit auf sich gezogen hat[3]. Im Folgenden geht es vor allem darum, die Entstehung von grüner Bewegung und Partei aus geschichtswissenschaftlicher Perspektive zu beleuchten und nach ihrer Verankerung im Kontext jener Transformationsprozesse der 1970er Jahre zu fragen, die seit einiger Zeit zu einem Lieblingsthema der gegenwartsorientierten Zeitgeschichte geworden sind[4]. Wie fügt sich die Formierung der westdeutschen Grünen in die unterschiedlichen Interpretamente der „siebziger Jahre" ein? Diese Frage soll in zwei Etappen beleuchtet werden. Der erste Teil resümiert knapp die wichtigsten Stationen in der Formierungsphase und wirft – mit Blick auf die Gründungsgeneration – die Frage nach Kontinuität und Bruch auf. Der zweite Abschnitt gilt dann den Entstehungsbedingungen der jungen Partei: Inwiefern war sie ein Reflex der gewandelten ideenhistorischen Rahmenbedingungen der Bundesrepublik und auf welchen Feldern setzte sie selbst Impulse der Veränderung?

2. Ein breites Spektrum: die Vielfalt grüner Traditionsbestände

Seit den 1960er Jahren betraten in der Bundesrepublik wie überall in Westeuropa neue Akteure die politisch-öffentliche Bühne; das parlamentarische Parteiensystem wurde von außerparlamentarischen Gruppen und Bewegungen herausgefordert. Das begann mit der APO und der Studentenbewegung und setzte sich fort mit den sogenannten Neuen Sozialen Bewegungen, die das Bild der 1970er und 1980er Jahre bestimmten. Dazu zählten sowohl eine breit gefächerte Alternativbewegung, die vor allem das antiautoritäre Erbe der „68er" repräsentierte, als auch die Bürgerinitiativen. Diese Gruppierun-

---

[2] Vgl. Konrad Jarausch (Hrsg.), Das Ende der Zuversicht? Die siebziger Jahre als Geschichte, Göttingen 2008; Anselm Doering-Manteuffel/Lutz Raphael, Nach dem Boom. Perspektiven auf die Zeitgeschichte seit 1970, Göttingen 3., ergänzte Aufl. 2012.

[3] Vgl. z. B. Joachim Raschke, Die Grünen. Wie sie wurden, was sie sind, Köln 1993; Andrei S. Markovits/Philip S. Gorski, Grün schlägt Rot. Die deutsche Linke nach 1945, Hamburg 1997.

[4] Der Beitrag beruht auf den Ergebnissen meiner Dissertation: „Nicht rechts, nicht links, sondern vorn". Eine Geschichte der Gründungsgrünen, München 2011.

gen machten erstmals Ende der 1960er, Anfang der 1970er Jahre auf sich aufmerksam und sprachen vor allem Menschen an, die bis dato nicht im außerparlamentarischen Raum politisch aktiv gewesen waren[5]. In der Praxis waren die unterschiedlichen Gruppen und Organisationsformen nicht immer klar zu trennen. Man arbeitete zusammen, protestierte gemeinsam und vernetzte sich: Seit 1977 wurden dann erste konkrete Schritte auf dem Weg in die Parlamente unternommen. Zunächst in den Kommunen, dann in den Ländern und schließlich im Bund gründeten sich grüne, bunte und alternative Listen, die bei Wahlen kandidierten und schnell Erfolge feierten.

Der hier nur in Umrissen skizzierte Weg von der ersten Bürger- und Basisinitiativen bis zur Gründung der grünen Bundespartei im Januar 1980 verlief jedoch nicht ohne Umwege. Diese Form der institutionellen Entwicklung war nur eine von mehreren möglichen, denn viele Aktivisten standen der Gründung grüner Listen und Parteien ablehnend gegenüber. Und auch diejenigen, die diesen Weg mitgingen, blieben lange Zeit skeptisch. Bei der Formierung der Grünen handelte es sich mithin um einen zunächst dezentralen Prozess, der auf kommunaler Ebene begann und dann sehr stark von den Entwicklungen in den einzelnen Bundesländern beeinflusst wurde[6]. Dennoch spielten einzelne Netzwerke, Organisationen und Persönlichkeiten eine wichtige Rolle, die häufig – freilich nicht immer – in spezifischen Teilmilieus der Neuen Sozialen Bewegungen verankert waren. Sie standen in ganz unterschiedlichen ideologischen Traditionen, die auf vielfältige Erfahrungszusammenhänge und Prägekräfte des 20. Jahrhunderts verwiesen. In idealtypischer Weise lassen sich fünf Netzwerke beziehungsweise Diskussionszusammenhänge herauspräparieren, die die Formierung der Grünen entweder auf organisatorischer Ebene stark beeinflussten oder aber der neuen Partei viele Mitglieder zuführten.

Auf der rechten Seite des grünen Gründungsspektrums fand sich eine Gruppe Konservativer, die vor allem in der Entstehungsphase recht einflussreich war und sich zunächst vornehmlich um eine einzelne Person scharte: den ehemaligen CDU-Bundestagsabgeordneten Herbert Gruhl, der

---

[5] Vgl. Roland Roth/Dieter Rucht (Hrsg.), Die sozialen Bewegungen in Deutschland seit 1945. Ein Handbuch, Frankfurt a. M./New York 2008; Sven Reichardt/Detlef Siegfried (Hrsg.), Das alternative Milieu. Antibürgerlicher Lebensstil und linke Politik in der Bundesrepublik Deutschland und Europa 1968–1983, Göttingen 2010, sowie Cordia Baumann/Sebastian Gehrig/Nicolas Büchse (Hrsg.), Linksalternative Milieus und Neue Soziale Bewegungen in den 1970er Jahren, Heidelberg 2011.

[6] Vgl. Lilian Klotzsch/Richard Stöss, Die Grünen, in: ders. (Hrsg.), Parteien-Handbuch. Die Parteien der Bundesrepublik Deutschland 1945–1980. Sonderausgabe Bd. 3: EAP bis KSP, Opladen 1986, S. 1509–1598.

durch seinen 1975 erschienenen Bestseller „Ein Planet wird geplündert"[7] vom Hinterbänkler der Union zum bedeutenden Ideengeber der Umweltbewegung und Mitbegründer der Grünen avancierte. Ihr Ideengebäude beruhte auf dem Aspekt der Bewahrung, der vor allem die natürlichen Lebensgrundlagen betraf, aber auch andere Politikfelder durchdrang. Dieses Konservatismus-Verständnis unterschied sich deutlich von dem, das insbesondere die Unionsparteien in den 1970er Jahren repräsentierten. Den positiven Bezugspunkt bildete eine vormoderne Idylle, wie sie vermeintlich vor der Durchsetzung der modernen Industriegesellschaft existiert hatte. Darüber hinaus vertraten sie ein durchweg konventionelles Politikverständnis, das zum Schutz der Umwelt auf einen „starken Staat" setzte und mit alternativen Modevokabeln wie „Dezentralität" oder „Basisdemokratie" nur wenig anzufangen wusste.

Eine zweite Gruppe verband das Prinzip des „Gemeinschaftsdenkens". Die Vertreter dieser Richtung waren zumeist in den ersten Jahrzehnten des 20. Jahrhunderts geboren und maßgeblich vor 1945 sozialisiert worden. Vor allem die Unsicherheitserfahrungen der Zwischenkriegszeit, aber auch die Ideen im weiteren Umfeld der „Konservativen Revolution" sowie völkischer Kreise spielten hierbei eine bedeutsame Rolle. So vertraten die Angehörigen des Netzwerks eine spezifische Vorstellung von „Gemeinschaft", die sie dem westlich-liberalen Begriff von „Gesellschaft" gegenüberstellten. Die in der ersten Jahrhunderthälfte festgezurrten ideellen Grundlagen wurden weitgehend unverändert in die Nachkriegszeit übernommen und, begrifflich wie inhaltlich nur geringfügig modifiziert, in neue politische Zusammenhänge eingebracht. An der Wende zu den 1970er Jahren waren es die Themen und Erfahrungszusammenhänge der Neuen Sozialen Bewegungen, die diesem Netzwerk eine vielversprechende Projektionsfläche boten[8].

Eine wichtige Rolle bei der Formierung der Grünen spielte außerdem ein anthroposophisches Netzwerk, dem es darum ging, die im frühen 20. Jahrhundert entwickelte Lehre Rudolf Steiners als politisch-gesellschaftliche Aufgabe zu begreifen und sie mit den Herausforderungen der 1960er und 1970er Jahre in Einklang zu bringen. Stilbildend für die Mehrheit der anthroposophisch geprägten Anhänger der Grünen waren die Erfahrungen und Prägekräfte im Umfeld von Neuer Linker, APO und Studentenbewegung.

---

[7] Herbert Gruhl, Ein Planet wird geplündert. Die Schreckensbilanz unserer Politik, Frankfurt a. M. 1975.
[8] Vgl. Richard Stöss, Vom Nationalismus zum Umweltschutz. Die Deutsche Gemeinschaft/Aktionsgemeinschaft Unabhängiger Deutscher im Parteiensystem der Bundesrepublik Deutschland, Opladen 1980.

Ganz anders als etwa die konservativen Naturschützer wiesen sie eine gewisse Schnittmenge zu Habitus und politischem Stil der „68er" auf. Darüber hinaus gab es personelle Überschneidungen mit einer vierten Gruppe, der undogmatischen Linken.

Die undogmatische Linke stellte mit weitem Abstand das meiste Personal für die grüne Bewegung und Partei. Hervorgegangen aus der „68er"-Bewegung grenzte sie sich einerseits von der als „staatsfromm" gebrandmarkten Sozialdemokratie und andererseits von den dogmatischen Experimenten der kommunistischen Kadergruppen ab[9]. Stattdessen setzte sie auf Dezentralität, Selbstorganisation und Basisbezug und war teilweise eng mit der Alternativszene verflochten. In der vielschichtigen undogmatischen Linken erwiesen sich für die Formierung der Grünen insbesondere zwei Gruppierungen als besonders wichtig: zum einen die Frankfurter Spontis mit ihrer Mischung aus Radikalität und revolutionärem Unernst[10], zum anderen das „Sozialistische Büro" mit Sitz in Offenbach, das als Kommunikationsplattform eine herausgehobene, wenn auch bisher wenig beachtete Rolle in der Geschichte der undogmatischen Linken spielte[11]. Die undogmatische Linke erwies sich nicht nur personell als besonders einflussreich für die weitere Geschichte der Grünen, sondern war auch mit Blick auf das Politikverständnis und den politischen Stil der Partei von großer Bedeutung. Viele der Organisations- und Politikformen, die wir auch heute noch von den Grünen kennen, wurden von ihr bereits zuvor erprobt.

Fünftens spielten schließlich die Zerfallsprodukte der dogmatischen Linken für den grünen Gründungsprozess eine Rolle. Allerdings greift es zu kurz, von einer bloßen Unterwanderung der Grünen durch die K-Gruppen zu sprechen. Die grüne Wahlbewegung schien manchen von ihnen als Rettungsanker und neues Medium zur Durchsetzung ihrer bisherigen Forderungen. Die alltägliche Begegnung in unterschiedlichen Arbeitszusammenhängen führte jedoch gleichzeitig zu wechselseitigen Annäherungen[12]. Die kommunistischen Kadergruppen hatten ihr Heil in dogmatischen Politikexperimenten gesucht, die im letzten Drittel der 1970er Jahre in einer tiefen Identitäts-

---

[9] Vgl. Michael März, Linker Protest nach dem Deutschen Herbst. Eine Geschichte des linken Spektrums im Schatten des „starken Staates", 1977–1979, Bielefeld 2012.

[10] Vgl. Wolfgang Kraushaar, Die Frankfurter Sponti-Szene. Eine Subkultur als politische Versuchsanordnung, in: AfS 44 (2004), S. 105–121.

[11] Vgl. Gottfried Oy, Spurensuche Neue Linke. Das Beispiel des Sozialistischen Büros und seiner Zeitschrift links. Sozialistische Zeitung (1969 bis 1997), Berlin 2007.

[12] Vgl. Michael Steffen, Geschichten vom Trüffelschwein. Politik und Organisation des Kommunistischen Bundes 1971 bis 1991, Berlin u. a. 2002.

krise mündeten[13]. Stärker noch als die Vertreter der undogmatischen Linken versuchten sie daher, Ökologie und Marxismus in der neuen grünen Partei miteinander in Einklang zu bringen.

In der politischen Praxis gab es zwischen diesen Netzwerken durchaus Überschneidungen, teilweise lange bevor die grüne Parteigründung zur Diskussion stand. Darüber hinaus finden sich selbstredend Frauen und Männer, die sich dieser idealtypischen Einteilung entzogen, welche vor allem dazu dienen sollte, die Heterogenität grüner Gruppen, Traditionen und Programme zu verdeutlichen. Ideengeschichtlich reichen manche Traditionslinien bis ins frühe 20. Jahrhundert zurück. Für die meisten Aktivisten der Gründungsphase bildeten jedoch, allein generationell, die „langen sechziger Jahre" den zentralen politischen Sozialisations- und Erfahrungsraum[14].

3. Neue Themen und Akzente

Die Formierung der Grünen ebenso wie die der eng mit ihnen verbundenen Protestbewegungen ist nicht zu trennen von den gesellschaftlichen Strukturen und Entwicklungen, die die westeuropäischen Industriegesellschaften seit den späten 1960er Jahren kennzeichneten. Das betraf zunächst die Einschnitte und Veränderungen im ökonomischen Bereich. An die Stelle der Hoffnung auf „immerwährende Prosperität" (Burkart Lutz) und unbegrenztes Wachstum trat zunehmend die Angst vor Arbeitslosigkeit und Rezession. Gleichzeitig geriet das Paradigma von Planung und Reform ins Wanken[15]. Davon blieb die ambitionierte Gesellschaftspolitik der sozialliberalen Koalition nicht unberührt. Das Motto „Mehr Demokratie wagen" wich zunehmend Schlagworten wie „Radikalenerlass", „Repression" und „Terroristenjagd", die vor allem von linken Kritikern gegen die regierende Sozialdemokratie in Stellung gebracht wurden. Der Kanzlerwechsel von Willy Brandt zu Helmut Schmidt bildete für viele eine sinnfällige Zäsur.

Mit der ökologischen Frage drängte ab Beginn der 1970er Jahre ein neues Thema massiv auf die öffentliche Agenda, das ebenso Anlass zu pessimistischen Prognosen gab. Die ökologische Frage manifestierte sich in mehreren großen Umweltkatastrophen und wurde durch die alltägliche

[13] Vgl. Andreas Kühn, Stalins Enkel, Maos Söhne. Die Lebenswelt der K-Gruppen in der Bundesrepublik der 70er Jahre, Frankfurt a. M./New York 2005.
[14] Vgl. Axel Schildt/Detlef Siegfried/Karl Christian Lammers (Hrsg.), Dynamische Zeiten. Die 60er Jahre in den beiden deutschen Gesellschaften, Hamburg 2000.
[15] Vgl. Gabriele Metzler, Am Ende aller Krisen? Politisches Denken und Handeln in der Bundesrepublik der sechziger Jahre, in: HZ 275 (2002), S. 57–103.

Konfrontation mit Umweltverschmutzung und Naturzerstörung vor Ort
für den Einzelnen konkret erfahrbar[16]. Ein apokalyptischer Grundton, der
bereits Teile der Umwelt- wie der Antiatombewegung kennzeichnete, wurde
schließlich gegen Ende des Jahrzehnts nochmals verstärkt durch die Sorge
um den Frieden: Der NATO-Doppelbeschluss und der Einmarsch sowjetischer Truppen in Afghanistan beendeten 1979 eine Phase der Entspannung
im Ost-West-Konflikt[17].

Die grüne Bewegung war im Kontext dieser neuen Problemhorizonte
entstanden. Die hier nur kurz benannten Themen – Wirtschaft und geplante
Gesellschaftsreform, Umwelt und Frieden – wurden von ihren Anhängern
häufig als Teilaspekte einer umfassenden Krise wahrgenommen, als deren
Ursache die entwickelte, arbeitsteilige und hochkomplexe Industriegesellschaft galt. Sie waren deshalb vielfach davon überzeugt, in einer Art End-
zeit zu leben. Das Denken zahlreicher Grüner zeichnete sich daher durch
einen intensiven Krisendiskurs aus, der mitunter geradezu apokalyptische
Züge trug[18]. „Das Auftreten der Grünen", so ein Vertreter des anthroposophischen Netzwerks, „ist ein Ereignis der letzten Phase eines geschichtlichen
Entwicklungsprozesses, an dessen Ende entweder eine zerstörte Erde oder
eine planetarische soziale Erneuerung stehen wird."[19] So ernst diese Äußerungen von Angst und Krise zu nehmen sind, so sehr gilt es sie jedoch
gleichzeitig auf ihren konkreten Kontext hin zu befragen. Denn einerseits
gehörten Krisen- und Endzeittopoi zum Grundduktus einiger Gründungsnetzwerke wie der eben zitierten Anthroposophen. Andererseits wurde, gerade auf der Ebene der grünen Entscheider, häufig strategisch mit der „Krise"
argumentiert. In internen Auseinandersetzungen sollte damit Einheit und
Harmonie gestiftet werden. Und nach außen hin konnte man sich als Alternative zu den etablierten Parteien positionieren, deren Politik die Krise ja
scheinbar erst hervorgerufen hatte[20]. Die Mehrzahl der Gründungsgrünen

[16] Vgl. Jens Ivo Engels, Naturpolitik in der Bundesrepublik. Ideenwelt und politische
Verhaltensstile in Naturschutz und Umweltbewegung 1950–1980, Paderborn u. a. 2006.
[17] Vgl. Christoph Becker-Schaum u. a. (Hrsg.), „Entrüstet Euch!" Nuklearkrise,
NATO-Doppelbeschluss und Friedensbewegung, Paderborn u. a. 2012.
[18] Vgl. Annekatrin Gebauer, Apokalyptik und Eschatologie. Zum Politikverständnis
der Grünen in ihrer Gründungsphase, in: AfS 43 (2003), S. 405–420.
[19] Wilfried Heidt, Die ökologische Krise als soziale Herausforderung. Zur gesellschaftlichen Konzeption der grünen Alternative. Ein dritter Weg jenseits von Kapitalismus
und real existierendem Sozialismus, in: Hans-Werner Lüdke/Olaf Dinné (Hrsg.),
Die Grünen. Personen, Projekte, Programme, Stuttgart 1980, S. 81–99, hier S. 81.
[20] Beschäftigt man sich mit den Krisendiskursen der 1970er Jahre, die gerade in den
Quellen zu den Grünen omnipräsent sind, können die Forschungen zu den Krisen-

schien überzeugt, das Ruder noch herumreißen zu können und selbst den besten Steuermann abzugeben. Über den Ausweg aus der Katastrophe gab es allerdings viele und durchaus konträre Meinungen. Allein die grundsätzliche Richtung war oft genug umstritten. Im grünen Krisendiskurs waren sowohl die Bilder von „Umkehr", „Kehrtwende" oder „Vollbremsung" verbreitet als auch Motive eines „Aufbruchs" zu neuen Ufern.

In diesem Sinne signalisierten die grünen Krisendiskurse gleichfalls einen veränderten Umgang mit den vorherrschenden Konzepten von Fortschritt – einer Schlüsselkategorie moderner Industriegesellschaften. Seit dem Eintritt ins Atomzeitalter war ein Ende der Geschichte durch die nukleare Selbstvernichtung der gesamten Menschheit denkbar geworden[21]. Im Zuge der Debatte um Kernenergie und Atomraketen gewann diese Vorstellung Ende der 1970er, Anfang der 1980er Jahre erneut an Gewicht. Fortschrittsskeptische Stimmen, die in den Jahrzehnten des Nachkriegsbooms kaum mehr zu hören waren, wurden nun wieder lauter. Damit ging eine Neu- beziehungsweise Re-Definition des bis dahin vorherrschenden Fortschrittsverständnisses einher. Während einige Gründungsgrüne die Kategorie des Fortschritts prinzipiell infrage stellten, plädierte die Mehrzahl für eine Rückbesinnung auf die humanistischen Grundlagen. Ihnen geriet ein Fortschrittsverständnis zur Zielscheibe, das in den „langen sechziger Jahren" nahezu vollständig auf technische und materielle Aspekte reduziert worden war.

Auch darüber hinaus setzten die einzelnen Gruppen mit Blick auf die drängenden Herausforderungen und Fragen, denen sich Politik und Gesellschaft gegenübersahen, durchaus unterschiedliche Akzente. Die linken Netzwerke taten sich etwa mit dem zunächst genuin konservativen Thema Umwelt schwer und näherten sich dem Zielkonflikt Ökologie versus Ökonomie zunächst stärker über die wirtschaftlichen Niedergangserscheinungen an. Eine Art ökologischen Lernprozess leitete vor allem der Konflikt um die zivile Nutzung der Kernenergie ein. Bis dahin, so ein selbstkritischer Autor in der Frankfurter Alternativzeitschrift „Pflasterstrand", war die Linke „fortschrittsbesessen und bekämpfte den kriegerischen Atomtod, ohne die Drohung des friedlichen Atomsterbens zu ahnen"[22]. Umgekehrt verhielt es sich

diskursen der Zwischenkriegszeit auch den Blick auf die 1970er Jahre schärfen, bevor auch diese vorschnell zu einem Jahrzehnt der Krise ausgerufen werden. Vgl. etwa Rüdiger Graf, Die Zukunft der Weimarer Republik. Krisen und Zukunftsaneignungen in Deutschland 1918–1933, München 2008.

[21] Vgl. Michael Salewski (Hrsg.), Das Zeitalter der Bombe. Die Geschichte der atomaren Bedrohung von Hiroshima bis heute, München 1995.

[22] Pflasterstrand Nr. 15/1977: „Wie die Linke so manches verpennt…"

bei dem für die Grünen so wichtigen Thema Staats- und Institutionenkritik[23]:
Während sich weite Teile der bundesdeutschen Linken längst nicht nur
von den staatlichen Institutionen, sondern auch der regierenden SPD ent-
fernt hatten, öffneten sich andere Gruppen diesem Problemkreis erst im
Kontext der Antiatombewegung. So notierte etwa ein Vertreter der Wahlliste
Hameln-Pyrmont:

> „Die meisten von uns haben sich früher darauf beschränkt, am Wahltag ihre Stimme
> abzugeben. Im Widerstand gegen die Atompolitik haben wir gelernt, den Berufspoli-
> tikern und den verantwortlichen Stellen zu misstrauen."[24]

In dem Maße wie der Kernenergiekonflikt die Ökologieproblematik für
linke Gruppen erfahrbar machte, entfremdete er dem Staat eine ganze Reihe
ehemals fest in seiner politischen Kultur verwurzelter Bürger. In diesem
Zusammenhang hatten vor allem die gewalttätigen Auseinandersetzungen
um die Kernenergie, die die Demonstrationen des Jahres 1977 begleiteten,
eine katalytische Wirkung.

Ungeachtet dieser Sachthemen und eines damit verbundenen Krisen-
diskurses war im Umfeld der Grünen eine allgemeine Orientierungslosigkeit
erkennbar, die sich bei allen relevanten Gründungsgruppen in unterschiedlicher Weise zeigte. Eng damit verbunden war ein Moment, das vor allem
für die Grünen eine zentrale Rolle spielte: die Überzeugung, dass das traditionelle Rechts-Links-Schema an Wirksamkeit und Erklärungskraft verlor.
In den 1970er Jahren war man sich vielfach nicht mehr darüber klar, was
man unter „rechts" und „links", unter „konservativ" und „progressiv" zu
verstehen habe; damit geriet aber auch die eigene politische Identität ins
Schwimmen. Die Themen der Neuen Sozialen Bewegungen, allen voran
Umweltzerstörung und Wachstumskritik, schienen die gewohnten politischen Zuschreibungen auf den Kopf zu stellen. Die Ökologieproblematik
belastete vor allem die linken Gründungsnetzwerke. Kaum eine Frage ver-
wies stärker darauf, dass die Prämissen eines traditionell sozialistischen
Ansatzes nicht mehr griffen. Dementsprechend fragte sich der damalige
Frankfurter Sponti Joschka Fischer:

> „Was ist denn in der Ökologie noch das alte Links und Rechts, was mit den bewährten
> Klassenkampffronten und der kommunistischen Utopie der befreiten Produktivkräfte,
> die heute doch wohl eher als gruselige Science-fiction erscheinen."[25]

---

[23] Vgl. hierzu auch März, Linker Protest.
[24] BUU-Info zu den Bürgerschaftswahlen, S. 5: Plattform der Wahlliste Hameln-
Pyrmont.

„Ehrliche Ratlosigkeit" angesichts der unübersichtlich gewordenen Gegenwart empfand auch das Sozialistische Büro:

> „Das erste und zentrale Problem unserer Politik z.Zt. besteht in einer tiefen Verunsicherung darüber, was sozialistische Politik heute sein könnte. [...] Die Begriffe, mit denen wir Gesellschaft analysieren und unsere politische Arbeit begründen – diese Begriffe sind uns allen unklar geworden."[26]

Von dem, was zeitgenössisch als „Krise des Marxismus"[27] oder weiter gefasst als „Krise der Linken" bezeichnet wurde, waren weite Teile der bundesdeutschen, aber auch der westeuropäischen Linken jenseits der Sozialdemokratie betroffen[28]. Diese veritable Identitätskrise wurde durch ein ganzes Bündel von Entwicklungen verursacht, das die Frage nach der Gültigkeit bisheriger linker Theorie aufwarf: das Stillschweigen der Arbeiterklasse trotz steigender Arbeitslosigkeit und empfindlicher wirtschaftlicher Strukturkrisen, die Wirkungslosigkeit sozialistischer Rezepte in der spätkapitalistischen Gesellschaft und nicht zuletzt die Sprachlosigkeit linker Theorie angesichts der ökologischen Herausforderung. Im bundesdeutschen Kontext machte sich diese „Krise der Linken" etwa in der Erosion der K-Gruppen oder auch den Suchbewegungen der undogmatischen Linken bemerkbar. Aus beiden Spektren kamen wichtige Impulse für die Gründung der Grünen, wobei die „Krise der Linken" eine zentrale Hintergrundfolie für ihre ökologische Neuorientierung bildete. Diejenigen Strömungen und Gruppen, die aus dem breiten Sammelbecken der bundesdeutschen Linken zu den Grünen fanden, hatten also in den 1970er Jahren markante Veränderungsprozesse durchlaufen: Das, was „1968" noch links war, galt für die linken Gründungsgruppen der Grünen so nicht mehr.

Diese linken Selbstverständnisdebatten fanden ihr Pendant in den konservativ orientierten Gruppen der späteren Grünen, die ihren gesellschaftspolitischen Bezugspunkt häufig noch in den 1950er Jahren hatten. Damals sei die CDU noch eine klassische konservative Partei gewesen. Dann, so etwa Herbert Gruhl, habe die verhängnisvolle Abkehr des Konservatismus von seinen fortschrittsskeptischen Wurzeln begonnen. Denn konservativ

---

[25] Joschka Fischer, Warum eigentlich nicht, in: ders., Von grüner Kraft und Herrlichkeit, Reinbek bei Hamburg 1984, S. 88–98, hier S. 97 (erstmals: Pflasterstrand Nr. 40/1978).
[26] Reinhard Fenchel u. a., Sozialistisches Büro: Organisation „ehrlicher Ratlosigkeit"? Einleitungsreferat zur Arbeitsgruppentagung am 6./7. 12. 1980 in Marburg, in: links Nr. 130 vom Januar 1981, S. 24–27, hier S. 24.
[27] Louis Althusser, Die Krise des Marxismus, Hamburg 1978.
[28] Vgl. den Beitrag von Martin Kindtner in diesem Band.

sein heiße doch, „dem Lebendigen den Vorzug vor dem Mechanischen zu geben". In der Nachkriegszeit habe ein „schamloser Verrat der wahren konservativen Gesinnung vonseiten der angeblich ‚konservativen' und ‚christlichen' Parteien" stattgefunden[29]. Was in Äußerungen wie dieser durchscheint, ist eine entschiedene Kritik an jenem einflussreichen Waffenstillstand, den die konservative Kulturkritik nach dem Zweiten Weltkrieg mit der technischen Moderne geschlossen hatte[30]. Ungeachtet dessen lassen sich die Überlegungen der konservativen Grünen vor dem Hintergrund zeitgenössischer Selbstverortungsdebatten des bundesdeutschen Konservatismus betrachten, die selbstredend weit über die konservativen Gründungsnetzwerke der Grünen hinausreichten[31].

In den Augen der Gründungsgrünen förderten also sowohl die „Krise der Linken" als auch die Selbstverständnisdebatten der Konservativen die Einsicht, dass sich viele althergebrachte Parameter überlebt hatten und zusammen mit zahlreichen anderen Haltepunkten ins Wanken geraten waren. Diese Unsicherheit gegenüber beiden ideologischen Polen verlieh wiederum den Grünen Auftrieb, die, wie die ältere Generation der Gemeinschaftsdenker oder die Kerngruppe des anthroposophischen Netzwerks, solche Frontstellungen seit jeher negiert hatten und die nun ihre harmonistischen Konzepte aus der ersten Jahrhunderthälfte im neuen Gewande umsetzen wollten. Vor allem sie waren es, die beispielsweise das mit vielerlei Traditionen aufgeladene Schlagwort des Dritten Wegs propagierten[32]. Unabhängig von der inhaltlichen Stoßrichtung stand der Topos vom Dritten Weg allerdings

[29] Herbert Gruhl, Die Überlebensnotwendigkeit ökologischer Politik. Grundsatzrede auf dem Gründungsparteitag der Ökologisch-Demokratischen Partei (ÖDP) am 6. März 1982 in Bad Honnef, Bad Honnef 1982, S. 5.
[30] Vgl. etwa Paul Nolte, Die Ordnung der deutschen Gesellschaft. Selbstentwurf und Selbstbeschreibung im 20. Jahrhundert, München 2000, S. 208–235, sowie Axel Schildt, Moderne Zeiten. Freizeit, Massenmedien und „Zeitgeist" in der Bundesrepublik der 50er Jahre, Hamburg 1995, S. 324–350.
[31] Vgl. Axel Schildt, „Die Kräfte der Gegenreform sind auf breiter Front angetreten". Zur konservativen Tendenzwende in den Siebzigerjahren, in: AfS 44 (2004), S. 449–478; Rüdiger Graf, Die Grenzen des Wachstums und die Grenzen des Staates. Konservative und die ökologischen Bedrohungsszenarien der frühen 1970er Jahre, in: Dominik Geppert/Jens Hacke (Hrsg.), Streit um den Staat. Intellektuelle Debatten in der Bundesrepublik 1960–1980, Göttingen 2008, S. 207–228, sowie Massimiliano Livi/ Daniel Schmidt/Michael Sturm (Hrsg.), Die 1970er Jahre als schwarzes Jahrzehnt. Politisierung und Mobilisierung zwischen christlicher Demokratie und extremer Rechter, Frankfurt a. M./New York 2010.
[32] Vgl. etwa Roland Sturm, Der Dritte Weg. Königsweg zwischen allen Ideologien oder selbst unter Ideologieverdacht?, in: APuZ 16-17/2001, S. 3–15.

vor allem für eine Ratlosigkeit bei der Suche nach Konzepten, mit denen sich die Krise hätte bewältigen lassen. Dabei handelte es sich indes um eine Ratlosigkeit, die die frühen Grünen mit weiten Teilen der bundesdeutschen Gesellschaft in den 1970er und frühen 1980er Jahren teilten.

Was an die Stelle der überholten Kategorien und Begriffe treten sollte, blieb also häufig vage. Diese Ungewissheit gegenüber der konkreten Ausgestaltung des alternativen Neuen spiegelte vor allem der grüne Gründungsslogan „nicht rechts, nicht links, sondern vorn" anschaulich wider. Die Einsicht in die Überlebtheit traditioneller Kategorien eröffnete einerseits den Blick auf neue Koalitionen, die den neuartigen Herausforderungen möglicherweise mit adäquateren Mitteln begegnen konnten als die herkömmlichen Problemlösungsmuster. Andererseits unterstrich er, dass der grüne Gründungskonsens ein zunächst negativ formulierter war, der sich gegen eine Reihe von Wertvorstellungen und Überzeugungen der „Mehrheitsgesellschaft" richtete. Als sich die Partei in die Niederungen des politischen Alltags, vor allem in die Parlamente begab, waren jedoch positiv konnotierte Konzepte gefragt. Gleichzeitig wurden die im Gründungskonsens übertünchten Spannungen offensichtlich und führten zu harten Zerreißproben, die mit Austritten und Abspaltungen, zunächst vor allem von konservativer Seite, einhergingen. Dieser Transformationsprozess ließ die Grünen schließlich zu der linken Milieupartei werden, die wir aus den Debatten der 1980er und 1990er Jahre kennen.

4. Fazit

Die Gründungsgrünen waren eine charakteristische Formation der 1970er und frühen 1980er Jahre, die so nicht von Dauer war; im Laufe ihrer mehr als dreißigjährigen Geschichte veränderte sich die Partei häufig. Die frühen Grünen nahmen zahlreiche Themen und Tendenzen auf, die ihren Entstehungszeitraum charakterisierten. Allen voran spiegelten sie die tiefe Verunsicherung wider, die Politik und Gesellschaft der 1970er Jahre auf vielen Feldern prägte. Allerdings war keinesfalls alles neu, was die Grünen thematisierten. Der Blick auf diese ideengeschichtlichen Traditionen veranschaulicht beispielhaft, wie sehr die Themen, Debatten und Akteure der 1970er Jahre in einen weiter gespannten zeitlichen Zusammenhang eingebunden waren. Dieser Befund führt ins Zentrum einiger Herausforderungen und Debatten, die ihren Ausgang in den 1970er Jahren nahmen und noch heute die bundesdeutschen Befindlichkeiten prägen. Dazu gehört ein verändertes Verhältnis zu „Staat" und „Staatlichkeit" und dessen planerischem Zugriff auf Gesellschaft ebenso wie ein gewandeltes Verständnis von „Wachstum" als zentralem Wert westlicher Gesellschaften. Dies wiederum brachte eine Neubeziehungsweise Re-Definition von „Fortschritt" mit sich und signalisierte eine deutliche Veränderung im Rechts-Links-Denken. Insofern lassen sich die frühen Grünen tatsächlich als Spiegel und Motor zentraler ideengeschichtlicher Wandlungsprozesse in Politik und Gesellschaft der Bundesrepublik seit den 1970er Jahren beschreiben. Der mit Blick darauf postulierte „Strukturbruch" allerdings erscheint auch vor diesem Hintergrund weniger als glatte Zäsur denn als ein differenziert zu betrachtender Wandel, in dem sich Altes und Neues überlappten.

Martin Kindtner

„Wie man es anstellt, nicht zu viel zu regieren."

Michel Foucault entdeckt den Neoliberalismus

1. Von der Disziplinargesellschaft zur Regierung

„Man frage mich nicht, wer ich bin, und man sage mir nicht, ich solle der gleiche bleiben"[1]. Dieses vielzitierte Credo Michel Foucaults verweist seine zahlreichen Interpreten auf die vielleicht einzige Konstante in seinem Werk – die beständige Verschiebung und Neuausrichtung. Ein prominentes Beispiel für diese Arbeitsmethode der „Seitwärtsbewegung"[2] ist der Bruch zwischen dem „Willen zum Wissen" (1976) und dem „Gebrauch der Lüste" (1984). Er markiert eine Schwerpunktverschiebung seiner Machttheorie von der „Disziplinargesellschaft" (Formung der Individuen auf eine vorgegebene, absolute Norm hin) zum Begriff der „Regierung" (biopolitische Lenkung von Bevölkerungen nach den Kriterien statistischer, relativer Normalität). Genau an der Nahtstelle dieser „Revision" findet sich Foucaults Projekt einer Geschichte der Regierungskunst, das dieser in den *Collège de France* Vorlesungen 1978/79 skizzierte[3]. Wie Thomas Lemke und Martin Saar gezeigt haben, lässt sich diese Schwerpunktverlagerung nicht zuletzt aus der Eigenlogik der Theoriebildung erklären[4]. Im Folgenden möchte ich jedoch einen anderen Zugriff wählen und Foucaults Diskussion der neoliberalen „Gouvernementalität" im historischen Kontext der Veränderungen des intellektuellen Felds in Frankreich zwischen 1974 und 1980 verorten. Diese

---

[1] Michel Foucault, Archäologie des Wissens. Nachdruck, Frankfurt a.M. 2003, S.30.
[2] Michel Foucault, Die Geburt der Biopolitik. Geschichte der Gouvernementalität II. Vorlesung am Collège de France 1978–1979, Frankfurt a.M. 2006, S.116.
[3] Vgl. Michael C. Behrent, Liberalism without humanism. Michel Foucault and the free-market creed, 1976–1979, in: Modern Intellectual History 6 (2009), S.539–568, hier S.555f., sowie Philipp Sarasin, Michel Foucault zur Einführung, Hamburg [2]2006, S.176ff.
[4] Vgl. Martin Saar, Macht, Staat, Subjektivität. Foucaults Geschichte der Gouvernementalität im Werkkontext, in: Susanne Krasmann/Michael Volkmer (Hrsg.), Michel Foucaults „Geschichte der Gouvernementalität" in den Sozialwissenschaften. Internationale Beiträge, Bielefeld 2007, S.23–45, hier S.24f., sowie Thomas Lemke, Eine Kritik der politischen Vernunft. Foucaults Analyse der modernen Gouvernementalität, Berlin 1997, S.28ff.

Veränderungen wiederum sind Teil einer größeren Transformation des gesellschaftlichen Ordnungsdenkens nach dem Boom, wie hier nur als Ausblick angedeutet werden kann. Foucaults theoretische Ansätze, die weit über ihre spezifischen Ursprungskontexte hinaus international wirksam waren und in linksalternativen Kreisen ebenso aufmerksam rezipiert wurden wie in den universitären Kulturwissenschaften, können, so meine These, selbst als semantischer Indikator und Faktor dieser Transformation verstanden werden.

In einem ersten Schritt möchte ich kurz beschreiben wie durch die Krise des *Gauchismus* und die Konjunktur des Dissidenten-Diskurses das Problem des Staates ab Mitte der 1970er Jahre wieder auf die Agenda der französischen Intellektuellen kam. In einem zweiten und dritten Schritt ist dann zu zeigen, wie Foucault diese Impulse in seinen Vorlesungen zur Geschichte der „Gouvernementalität" aufnahm und wie ihn im Kontext „dieser heutigen Debatte" ein „sonderbares Echo der einen oder anderen Stimme von Dissidenten aus dem Osten" in den „Wirtschaftsprinzipien von Helmut Schmidt" zum „ganzen Problem der Freiheit, des Liberalismus" führte[5].

2. Ein intellektueller Wettersturz

1978, so schrieb Jacques de Saint Victor, wurde 1968 ausverkauft[6]. Der Wettersturz, der das Ende der Periode des sogenannten Nach-Mai ankündigte, begann sich bereits ab Mitte der 1970er Jahre abzuzeichnen. Er bedeutete zugleich den Niedergang der politischen Kultur des *Gauchismus*. Unter diesem Sammelbergriff werden die linksradikalen Gruppen maoistischer bis antiautoritärer Denomination zusammengefasst, die in Konkurrenz zu den etablierten linken Parteien in der ersten Hälfte der 1970er Jahre einen hohen Grad an Publizität erlangten. Besondere Resonanz fand diese Bewegung unter den Pariser Intellektuellen, die sich zahlreich an politischen Initiativen aus dem *gauchistischen* Umfeld beteiligten, so auch Jean-Paul Sartre und Foucault[7]. Schenkt man den Selbstdeutungen der Akteure Glauben, so war es nicht zuletzt ein publizistischer Donnerschlag, der dieser Mesalliance ein Ende setze und eine tiefgreifende Verschiebung des Felds intellektueller Positionsnahmen einleitete. 1974 erschien in Paris bei den

---

[5] Foucault, Biopolitik, S. 43 f.

[6] Vgl. Jacques de Saint Victor, 1978: on solde 1968. Analyse d'un tournant, in: Cités 34 (2008), S. 137–153.

[7] Vgl. Rémy Rieffel, La tribu des clercs. Les intellectuels sous la Ve République 1958–1990, Paris 1993, S. 136–146.

Editions du Seuil die Übersetzung von Alexander Solschenizyns „Archipel Gulag". In einem Umfeld, das durch die Ermattung revolutionärer Naherwartungen und eine zunehmend kritische Diskussion über die Frage der politischen Gewalt geprägt war, löste Solschenizyns eindringliche Schilderung des Lebens in sowjetischen Straflagern eine Art antimarxistische Erweckungsbewegung aus[8]. In den folgenden Jahren etablierte sich ein ganzes Genre, in dem ehemalige *Gauchisten* ihre Irrtümer bekannten und dem Ungeist der Revolution abschworen. Diese Konversions-Narrative, die im Stil zwischen stalinistischer Selbstkritik und antitotalitärer Prophetie oszillierten, zeichneten sich nicht zuletzt dadurch aus, dass sie eine Neuinterpretation von „1968" etablierten[9]. Gegenüber der revolutionären Semantik betonten sie nun einseitig die libertären und antiautoritären Aspekte der Studentenbewegung. Diese retrospektive Sinnstiftung lässt sich als ein Versuch deuten, die eigene generationelle Erfahrung wieder mit den Werten der westlichen Demokratie zu synchronisieren. Der linke Verleger François Maspero spottete: „Vor zehn Jahren waren sie die Kinder von Marx und Coca-Cola. Heute bleibt nur noch Coca-Cola."[10]

Geradezu paradigmatisch wurde dieser Trend durch die Gruppe der *nouveaux philosophes* um Bernard-Henri Lévy und André Glucksmann verkörpert. Schon 1975 eröffnete letzterer eine mediale Großoffensive, die geschickt die Synergieeffekte aus der anhebenden Debatte über Solschenizyn nutzte[11]. Der Weg von der marxistischen Theoriebildung über den revolutionären Griff nach der Staatsmacht bis zum millionenfachen Massenmord im GULag erschien in seiner Argumentation als logische und somit

---

[8] Beispielhaft für dieses Klima ist die maoistische Gruppe *Gauche prolétarienne*, die sich im November 1973 selbst auflöste. Vgl. Richard Wolin, The Wind from the East. French Intellectuals, the Cultural Revolution and the Legacy of the 1960s, Princeton/Oxford 2010, S. 25–38 und S. 288–349.

[9] Die frühesten Deutungsansätze hoben die antiautoritäre Grundtendenz zwar hervor (Edgar Morin und Jean Daniel), beweisen aber auch die Persistenz marxistischer Deutungsmuster (André Glucksmann oder Cornelius Castoriadis). Vgl. Bernard Brillant, Les clercs de 68, Paris 2003, S. 408–503.

[10] Maspero zielte in erster Linie auf die Gruppe der *nouveaux philosophes*. Zit. nach François Dosse, Geschichte des Strukturalismus, Bd. 2: Die Zeichen der Zeit, 1967–1991, Hamburg 1997, S. 335. Zum Genre der gauchistischen Konversionserzählungen vgl. auch Kristin Ross, May '68 and its afterlives, Chicago/London 2002, S. 158ff.

[11] Besondere Bedeutung kam in dieser Marketingkampagne dem Fernsehen zu. So trat etwa Solschenizyn im April 1975 in der Kultursendung *Apostrophes* auf; vgl. Jan Plamper, Foucault's Gulag, in: Kritika. Explorations in Russian and Eurasian History 3 (2002), S. 255–280, hier S. 263. Zu den *nouveaux philosophes* als Medienintellektuelle vgl. auch Ross, May '68, S. 169–181, insbesondere S. 172.

zwingende Kausalkette[12]. Die antitotalitaristische Vulgata der *nouvelle philo-sophie* legitimierte sich nicht nur durch den Verweis auf das Leid der Opfer in der Sowjetunion. Sie gewann auch dadurch an Überzeugungskraft, dass ihre Propheten selbst erst kürzlich aus dem ideologischen Schlaf der Revolutionäre „erwacht" zu sein vorgaben. Glucksmann und weitere „Neue Philosophen" hatten teils führende Positionen in den maoistischen Gruppen des Nach-Mai bekleidet, besonders in der *Gauche prolétarienne*[13]. Nicht zu Unrecht bemerkte François Dosse die Ironie, dass just jene, „die alle Nicht-radikalen terrorisiert hatten" nun „auf den diskreten Charme des Liberalismus" verfielen[14]. Zwischen 1976 und 1978 erschienen in rascher Folge und mit hoher medialer Aufmerksamkeit eine Reihe weiterer Titel, die teils durch eine religiöse Metaphysik (Christian Jambet, Guy Lardreau), teils durch eine oberflächliche Mischung aus Lacan, Foucault und Solschenizyn (Glucksmann, Lévy) versuchten, die Dämonen des (eigenen) *gauchismus* auszutreiben. Durch ihre mediale Omnipräsenz trug die „Neue Philosophie" signifikant zur Verschiebung des Felds der intellektuellen Positionsnahmen bei. Die Diskurshegemonie wurde neu verteilt: Nach dem Jahrzehnt der fiebrigen Radikalität traf man nun in Paris nur noch „Anti-", „Ex-" und „Nicht-Marxisten"[15].

Diese Umwälzung der politischen Landschaft drängte die „Revolution" zugunsten der „Freiheit" aus dem utopischen Kanon der Pariser Intellektuellen[16]. Damit einhergehend etablierte sie die Figur des „Dissidenten" als neues Rollenmodell. Der dichotomen Logik alter *gauchistischer* Tage folgend, stellte der Dissident die reine Antithese der durch den Staat oder die totalitäre Vernunft verkörperten Macht dar[17]. Foucault fasste diese Position 1977 zusammen:

[12] Vgl. André Glucksmann, Köchin und Menschenfresser. Über die Beziehung zwischen Staat, Marxismus und Konzentrationslager, Berlin 1977.
[13] Der prophetische Antimarximus der *nouvelle philosophie* folgte in zahlreichen Aspekten weiter der Denk- und Handlungslogik der maoistischen Splittergruppen. Vgl. Peter Dews, The Nouvelle Philosophie and Foucault, in: Economy and Society 8 (1979), S. 127–171, hier S. 130ff.
[14] Dosse, Strukturalismus, S. 333.
[15] Vgl. Dews, Nouvelle Philosophie, S. 168.
[16] Diese Verschiebung betont Michael Scott Christofferson, French Intellectuals Against the Left. The Antitotalitarian Moment of the 1970s, New York/Oxford 2004, S. 168.
[17] Vgl. Julian Bourg, From Revolution to Ethics. May 1968 and Contemporary French Thought, Montreal u. a. 2007, S. 243ff. Christofferson (French Intellectuals, S. 156–183) führte die Einführung des Rollenmodells des Dissidenten auf die innenpolitische Konstellation Mitte der 1970er Jahre und die Ablehnung des „staatssozialistischen" Programms der *union de la gauche*, einer gemeinsamen Programmplatt-

„Die traditionelle Auffassung sah den ‚politisch Verfolgten' also im Kampf gegen die Regierenden und auf der Seite ihrer Gegner. Die neue, aus der Existenz der totalitären Staaten hervorgegangene Auffassung ist dagegen um einen Menschen zentriert, der nicht der ‚zukünftige Regierende', sondern der ‚ewige Dissident' ist, der das System, in dem er lebt, grundsätzlich ablehnt, der diese Ablehnung mit den ihm verfügbaren Mitteln zum Ausdruck bringt und deshalb verfolgt wird. Diese Auffassung gründet also nicht mehr in dem Recht, die Macht zu ergreifen, sondern in dem Recht zu leben, frei zu sein, wegzugehen und nicht verfolgt zu werden – kurz, auf dem legitimen Widerstand gegen die Regierungen."[18]

Der Solschenizyn-Effekt, der Antimarxismus der „Neuen Philosophen" und das Paradigma des Dissidenten verdichteten sich gegen Ende der 1970er Jahre zu einem neuen intellektuellen Konsens[19]. Während im Jahrzehnt des Nach-Mai die antiautoritären Kämpfe in gesellschaftlichen Institutionen wie Schule, Universität, Gefängnis, Psychiatrie im Zentrum gestanden waren, konzentrierte sich die Aufmerksamkeit nun wieder auf die Frage der repressiven Macht des totalitären Staates und die Suche nach Formen des Widerstands. Eng verbunden damit war eine Reaktivierung der Menschenrechte als liberaler Legitimationsdiskurs des intellektuellen Engagements. Statt Sartre lag nun plötzlich Raymond Aron auf dem Nachttisch.

Die antimarxistisch bekehrten Maoisten waren nicht die Einzigen, die in der zweiten Hälfte der 1970er Jahre die Frage nach dem Staat erneut stellten. Es ist bezeichnend, dass in der öffentlichen Wahrnehmung die *nouveaux philosophes* bisweilen mit einer anderen Gruppierung parallel gesetzt wurden: den *nouveaux économistes*. Unter diesem Label bereiteten Wirtschaftswissenschaftler um Jacques Garello und Henri Lepage einen intellektuellen Import aus den Vereinigten Staaten vor, der seinen Siegeszug erst zu Beginn der 1980er Jahre antreten sollte. Der Marktradikalismus der

---

form des *Parti socialiste* und des *Parti communiste français*, durch weite Kreise der linken Intellektuellen zurück.

[18] Michel Foucault, Wird Klaus Croissant ausgeliefert? in: ders., Schriften in vier Bänden. Dits et Ecrits, Bd. 3: 1976–1979, hrsg. von Daniel Defert und François Ewald, Frankfurt a. M. 2003, S. 468–474, hier S. 472. Kontext dieser Äußerung war ein Artikel im „Nouvel Observateur" vom November 1977 gegen die Auslieferung des RAF-Anwalts Klaus Croissant an die Bundesrepublik. Vgl. Michel Sennelart, Situierung der Vorlesungen, in: ebd., S. 524–571, hier S. 532, Anm. 18.

[19] Christofferson (French Intellectuals, S. 156–201) wies dem Jahr 1977 in diesem Zusammenhang eine Schlüsselrolle zu. Ein Jahr vor dem wahrscheinlichen Wahlerfolg der *union de la gauche* verstärkten sich die Publikationsaktivität der *nouvelle philosophie*, das politische Engagement zu Gunsten sowjetischer Intellektueller und antitotalitäre Positionsnahmen gegenseitig bis hin zur Etablierung einer umfassenden Diskurshegemonie.

Chicagoer Schule fand bereits 1978 im mehr und mehr anti-etatistischen Klima einigen Widerhall[20].

Neben der regen publizistischen Diskussion über Lepages Attacken auf den *Etat-Protecteur* war der Neoliberalismus auch in der akademischen Ökonomie auf dem Vormarsch[21]. An der Sorbonne bildeten die Marktradikalen zwar zunächst nur eine „signifikante Minderheit" unter den Wirtschaftswissenschaftlern, in der einflussreichen Eliteschmiede der *École nationale d'administration* und im *Institut d'Études Politiques* (*Sciences Po*) hatten sie bereits stärker Fuß gefasst. Auch in der Regierungspolitik zeichneten sich unter dem Zentristen Valéry Giscard d'Estaing und seinem Premierminister, dem Wirtschaftswissenschaftler Raymond Barre (1976-1981), erste neoliberale Einflüsse ab, obgleich mehr in der Rhetorik als in der Praxis. Selbst die *deuxième gauche* um den Sozialisten Michel Rocard, die Foucault mit kritisch-gewogenem Interesse beobachtete, erkannte die Nähe ihrer Vorstellungen von „Selbstverwaltung" (*autogestion*) mit bestimmten neoliberalen Konzepten[22].

Der starke Staat gaullistischer Prägung stand Ende der 1970er Jahre im „Kreuzfeuer" der französischen Intellektuellen. Die antitotalitäre Wende der Ultralinken und der missionarische Neoliberalismus der Ökonomen verbanden sich zu einem allgegenwärtigen Klima der „Staatsphobie", ja der „inflationären Staatskritik", der Foucault in seinen *Collège*-Vorlesungen 1978 und 1979 eine fundiert kritische Genealogie der modernen Regierungskunst entgegensetzte[23].

3. Regierung als Technik

Ob aus strategischen Erwägungen oder politischen Affinitäten heraus: auch Foucault hatte die *nouvelle philosophie* begrüßt und den Aufstieg ihrer Protagonisten gefördert[24]. In seiner Rezension von Glucksmanns „Meisterdenkern"

[20] Diese Verbindungslinie zog Pierre Drouin auf der Titelseite von Le Monde vom 13.5.1978: „Feu croisés sur l'État", sowie Roger Priouret, Vive la jungle! in: Nouvel Observateur 701 (1978), S.52f. Für diese und weitere Hinweise vgl. Foucault, Biopolitik, S.324f., Anm. 1.

[21] Vgl. Henri Lepage, Der Kapitalismus von morgen, Frankfurt a.M. 1979.

[22] Vgl. Monica Prasad, Why is France so French? Culture, Institutions and Neoliberalism 1974–1981, in: American Journal of Sociology 111 (2005), S.357–407, sowie Behrent, Liberalism, S.547–555.

[23] Foucault, Biopolitik, S.262–268.

[24] Vgl. Christofferson, French Intellectuals, S.199ff., sowie David Macey, The lives of Michel Foucault, London 1993, S.382ff.

erteilte er 1977 dem inneren Konnex von Marxismus, Revolution, GULag und Staat seinen Segen, an anderer Stelle nahm er den Dissidenten-Diskurs affirmativ auf[25]. Auch in seinen Vorlesungen zur Geschichte der Regierungskunst schlugen sich diese Debatten nieder.

Eine der grundsätzlichen Neuerungen der beiden Vorlesungen 1978/79 im Werk Foucaults ist die Auseinandersetzung mit dem Staat, den Foucault in seiner Theorie der Disziplinargesellschaft systematisch ausgeklammert hatte[26]. Getreu der seinen früheren Arbeiten immanenten Bewegung der „Fragmentierung" oder Verflüssigung erscheint der Staat aber auch hier nicht als mächtige, geschlossene Einheit[27]. Nicht zuletzt, um der in der öffentlichen Debatte immer weiter verbreiteten „große[n] Wahnvorstellung des paranoiden und alles verschlingenden Staates"[28] zu entgehen, wählte Foucault mit dem Begriff der „Gouvernementalität" eine nominalistische Herangehensweise[29]. In dem er den „Staat" als Gefüge vielfältiger Regierungstechniken fasste, konnte er das mikroanalytische Instrumentarium seiner genealogischen Arbeiten aus den frühen 1970er Jahren auf diesen neuen Gegenstand übertragen[30]. An die Stelle einer verallgemeinernden Staats- oder Vernunftkritik im Stile der *nouvelle philosophie* setzte er die historisch-epistemologische Kritik einer spezifischen Rationalität der Regierungskunst[31]. Damit beteiligte sich Foucault zwar an der zeitgenössischen Konjunktur der Frage nach dem Staat, lenkte sie jedoch in eine andere Richtung.

Statt in das Klagelied der „neuen Philosophen" über die totalitären Potentiale des Staates einzustimmen, das maßgebliche Motive aus seinen Arbeiten über die Disziplinarinstitutionen aufgegriffen hatte, veränderte die Verschiebung vom „Staat" zur „Regierung" den Blickwinkel. Foucault nahm die

---

[25] Vgl. Michel Foucault, Der große Zorn über die Tatsachen, in: ders., Dits et Ecrits, Bd. 3, S. 364–370.

[26] Vgl. Thomas Lemke, Eine unverdauliche Mahlzeit? Staatlichkeit, Wissen und die Analytik der Regierung, in: Krasmann/Volkmer (Hrsg.), Geschichte der Gouvernementalität, S. 47–73, hier S. 50f.

[27] Vgl. Tillman Reitz, Die Sorge um sich und niemand anderen. Foucault als Vordenker neoliberaler Vergesellschaftung, in: Das Argument 45 (2003), S. 82–97, hier S. 83 und S. 87.

[28] Foucault, Biopolitik, S. 264.

[29] Foucaults „historischer Nominalismus" entzieht scheinbar universalen Kategorien wie „Staat" und „Macht" ihre vermeintliche Natürlichkeit und betrachtet sie als Ergebnisse von historisch kontingenten Praktiken. Vgl. Lemke, Unverdauliche Mahlzeit, S. 51f.

[30] Vgl. Michel Foucault, Sicherheit, Territorium, Bevölkerung. Geschichte der Gouvernementalität I. Vorlesung am Collège de France 1977–1978, Frankfurt a. M. 2006, S. 174–180, und Lemke, Kritik, S. 146 ff.

[31] Vgl. ebenda, S. 354, und Dews, Nouvelle Philosophie, S. 143.

Perspektive der Verwaltung ein und zeichnete historisch nach, wie deren politische Ökonomen im 18. Jahrhundert entdeckten, dass der Staat zur Lenkung einer Bevölkerung, deren Kräfte gestärkt und entfaltet werden sollten, seine eigene Machtausübung freiwillig beschränken musste. Zwar hatte bereits die Theorie der „Disziplinargesellschaft" die Macht als eine mit sorgfältiger Sparsamkeit operierende „Technologie" begriffen, ein Gedanke war jedoch neu: Die Freiheit der Regierten wurden nun selbst zum Ziel der Regierungstechniken, da sie allein, besonders im Bereich der Wirtschaft, das optimale Gedeihen der Bevölkerung gewährleisten könne.

Diese Analyse half Foucault aus einer Sackgasse heraus. Indem er die Freiheit als Korrelat von Regierungstechniken in das Gefüge der Macht integrierte, konnte er sie denken, ohne die theoretischen Prämissen seiner Machttheorie aufzugeben und eine vorgängige, existentielle Freiheit des Menschen behaupten zu müssen[32]. Deutlicher als bei den Analysen der Disziplinarmacht scheint zudem seine Perspektive bei der Genealogie des Staates durch die Suche nach Ansatzpunkten des Widerstands, nach der „Kunst, nicht regiert zu werden bzw. [der] Kunst nicht auf diese Weise und um diesen Preis regiert zu werden", bestimmt[33]. Die Verknüpfung von Regierung und Freiheit, von Führung und Widerstand brachte Foucault nun aber fast zwangsläufig zu jener Regierungskunst, die sich selbst fragte, „wie man es anstellt, nicht zu viel zu regieren"[34], und die die Herstellung des größtmöglichen Maßes an Freiheit ins Zentrum ihres Regierungshandeln rückte – zum Neoliberalismus.

4. Neoliberalismus als Ordnung der Freiheit

Unter dem Oberbegriff Neoliberalismus verstand Foucault in den Vorlesungen von 1978/79 sowohl den deutschen Ordoliberalismus der Freiburger Schule als auch den radikaleren „Anarcho-Kapitalismus" der amerikanischen *Chicago School* um Milton Friedman und Gary Becker, die selbst wiederum stark in der Tradition der Österreichischen Schule der Nationalökonomie (Ludwig von Mises, Friedrich August von Hayek) standen[35]. Diese durch-

---

[32] Vgl. Sarasin, Michel Foucault, S. 172.
[33] So definiert Foucault die „kritische Haltung" als „Gegenstück zu den Regierungskünsten". Michel Foucault, Was ist Kritik? Berlin 1992, S. 12. Zu Gegen-Macht und Widerstand in den Collège-Vorlesungen vgl. Saar, Macht, Staat, Subjektivität, S. 25.
[34] Foucault, Biopolitik, S. 29.
[35] Vgl. ebenda, S. 116f. und S. 227. Foucault definiert somit den Neoliberalismus hier ausschließlich als Strömung der Nationalökonomie und lässt einflussreiche Figuren

aus heterogenen Schulen seien, so Foucault, durch eine gemeinsame Problematik bestimmt: Der klassische Liberalismus durchlebe gegenwärtig eine „Krise" und Zeit von „Neubewertungen" und „Neueinschätzungen". Die keynesianischen Interventionsformen, die in der Zwischenkriegszeit installiert worden seien, um die Freiheiten gegen den Kommunismus und den Faschismus zu schützen, würden nun selbst vermehrt als Belastungen der Freiheit empfunden. Die neoliberalen Kritiker dieser Interventionspolitik drehten, um diesem Dilemma zu entkommen, das Verhältnis von Staat und Wirtschaft um: Aus einer Wirtschaft unter dem Schutz des Staates wurde bei ihnen ein Staat nach dem Organisationsprinzip und unter „Aufsicht des Marktes". Statt die Wirtschaft zu regulieren sollten Staat und Gesellschaft beständig selbst Konkurrenz und Wettbewerb hervorbringen[36].

Für den Machttheoretiker Foucault ist diese neoliberale Kritik des keynesianischen Interventionsstaats aus mehreren Gründen interessant. Zunächst teilt sie die nominalistische Auffassung von Regierung und Freiheit. Weder der „Staat" noch die „Freiheit" sind naturgegeben, vielmehr stellen sie Korrelate dar. Das ganze Problem des Liberalismus liege in der Frage, wie Regierung und somit Macht Freiheit *hervorbringen* könne. Die liberale Freiheit ist mithin eine Freiheit *diesseits* der Macht, zugleich ein Produkt der Regierungstechniken und ein ihnen immanenter Widerstand[37].

Dies war nicht die einzige theoretische Schnittmenge zwischen Foucault und den neoliberalen Staatsskeptikern: Beide schickten sich an, „die theoretische Fixierung aufs Ganze" zu „durchbrechen"[38]. Sie strebten nach einer Beschreibung der Gesellschaft, die deren Ordnung nicht von einer übergeordneten Einheit her dachte, sondern vom dezentralen, freien Spiel der Differenzen. Zunächst noch abstrakt, erwies sich ein solches Denken bald als

jenseits deren fachlicher Grenzen, wie etwa die Schriftstellerin und Philosophin Ayn Rand, völlig außer Acht.

[36] Foucault, Biopolitik, S. 105 f. und S. 168 f.; vgl. dazu Lemke, Kritik, S. 241 f., sowie Jan-Ottmar Hesse, „Der Staat unter der Aufsicht des Marktes". Michel Foucaults Lektüren des Ordoliberalismus, in: Krasmann/Volkmer (Hrsg.), Geschichte der Gouvernementalität, S. 213–237.

[37] Vgl. Foucault, Biopolitik, S. 96 f.; Behrent, Liberalism, S. 546, sowie Jean-Yves Grenier/André Michel Orléan, Foucault, l'économie politique et le libéralisme, in: Annales 62 (2007), S. 1155–1182, hier S. 1166.

[38] Reitz, Sorge, S. 87; dort, S. 93, auch das folgende Zitat. Im Gegensatz dazu sieht Nancy Fraser Foucault als „Eule der Minerva", die eine fordistische Disziplinargesellschaft just in dem Moment beschrieb, als ihre historische Basis sich auflöste: Nancy Fraser, From Discipline to Flexibilization? Rereading Foucault in the Shadow of Globalization?, in: Constellations 10 (2003), S. 160–171.

konkrete und wirkungsvolle Prophetie der gesellschaftlichen „Verflüssigung".
Der Soziologe Tillmann Reitz schrieb:

> „Indem Foucault diese Auflösung [der totalisierenden sozialtheoretischen Wahr-
> nehmung] vollzieht, nimmt er methodisch die neoliberale Wende vorweg: Während
> faktisch noch die normalisierenden Disziplinar- und Regulationsapparate herrschen,
> inszeniert ihre Beschreibung bereits das unüberschaubare Gegeneinander heterog-
> ener Einzelkräfte, das dann mit dem Zerfall der fordistischen Produktionsregime
> erfahrene Wirklichkeit und herrschenden Ideologie wird."

Aber auch auf explizit politischer Ebene zeigten sich Berührungspunkte –
am deutlichsten bei Foucaults Untersuchung der neoliberalen Analysen zu
Kriminalität und Strafjustiz. Seit seinem Engagement für die *groupe
d'information sur les prisons* 1971/72 war dies ein Schwerpunkt seiner Interessen[39]. Neoliberale Ökonomen wie der Wirtschaftsnobelpreisträger Gary
Becker dachten Verbrechen und Strafe als positive und negative Angebots-
kurven, also als ökonomische Kalküle, und gaben den modernen Traum
der Ausrottung des Verbrechens durch vollständige Kontrolle auf. Damit
ließen sie die Utopie des *Panopticons* – 1975 in „Überwachen und Strafen"
noch Foucaults zentrale Metapher für die Disziplinargesellschaften – hinter
sich. Sie verzichteten zudem auf die Figur des Delinquenten und damit auf
die Techniken der Subjektivierung, die das Gefängnissystem vom
19. Jahrhundert an bis in die Gegenwart ausgezeichnet hatten[40]. Ihre Theorie
begriff den Gesetzesbrecher lediglich als ökonomisches Subjekt, nicht als
„Verbrecher", „Perverse[n]" oder „Rückfalltäter", der durch normierende,
disziplinarische Verfahren zu bessern sei[41]. Für Foucault leuchtete hier für
einen kurzen Moment die Utopie einer im vollen Wortsinne liberalen Gesellschaft auf, der er sich nicht verschließen konnte:

> „[Zweitens] sehen Sie [...], daß das, was am Horizont einer solchen Analyse erscheint,
> überhaupt nicht das Ideal oder das Projekt einer erschöpfend disziplinarischen Ge-
> sellschaft ist, in der das Netzwerk der Gesetze, das die Individuen umschließt, von,
> sagen wir, normativen Mechanismen fortgesetzt und verlängert würde. Es ist auch
> keine Gesellschaft, in der ein Mechanismus der allgemeinen Normalisierung und des
> Ausschlusses des Nicht-Normalisierbaren erforderlich wäre. Im Gegenteil haben wir
> in diesem Horizont das Bild, die Idee oder das programmatische Thema einer Gesell-
> schaft, in der es eine Optimierung der Systeme von Unterschieden gäbe, in der man

---

[39] Vgl. Foucault, Biopolitik, S. 343–359, und Macey, Michel Foucault, S. 256–289.

[40] Zur Figur des Delinquenten vgl. Michel Foucault, Überwachen und Strafen. Die
Geburt des Gefängnisses. Nachdruck, Frankfurt a. M. 2005, S. 357ff.

[41] Foucault, Biopolitik, S. 358; das folgende Zitat findet sich ebenda, S. 359. Vgl. auch
Grenier/Orléan, Foucault, S. 1182; Behrent, Liberalism, S. 566f., sowie Sarasin, Michel
Foucault, S. 183.

Schwankungsprozessen freien Raum zugestehen würde, in der es eine Toleranz gäbe, die man den Individuen und den Praktiken von Minderheiten zugesteht, in der es keine Einflußnahme auf die Spieler des Spiels, sondern auf die Spielregeln geben würde und in der es schließlich eine Intervention gäbe, die die Individuen nicht innerlich unterwerfen würde, sondern sich auf ihre Umwelt bezöge."

Im neoliberalen Diskurs erkannte Foucault eine Ablehnung der normierenden, disziplinierenden Tendenzen der fordistischen Moderne, die nach seinen Studien über Psychiatrien und Gefängnisse und seinem institutionenkritischen Engagement der frühen 1970er Jahre zwangsläufig seine Sympathie wecken musste. Von der neoliberalen Regierungskunst als Ordnung der Freiheit versprach er sich ein höheres Maß an Toleranz gegenüber Differenz und Devianz als von der wissens- und sozialtechnologiebasierten Form der Moderne mit ihren Projekten der Homogenisierung und Normierung[42].

5. Fazit

Müssen wir uns also mit Diogo Sardinha fragen, ob nicht auch Foucault letztlich „ein Sohn seiner neoliberalen Zeit" gewesen ist[43]? Er war jedenfalls kein antimarxistischer Konvertit, der nun mit dem gleichen feurigen Eifer den Liberalismus predigte; sein persönlicher Bruch mit dem Marxismus reichte in die 1950er Jahre zurück[44]. Dennoch nahm er in seinen Collège-Vorlesungen von 1978/79 Impulse des Antitotalitarismus-Diskurses und der neoliberalen Renaissance der späten 1970er Jahre auf. Er eignete sie sich jedoch im Sinne jener Problematiken an, die ihn seit Beginn des Jahrzehnts wissenschaftlich und politisch umtrieben. Am Beispiel des Neoliberalismus stellte er sich die Frage, wie Regierung, wie die Macht selbst, in der Lage sein konnte, Freiheit hervorzubringen. In der neoliberalen Rekonzeption der Gesellschaft in Begriffen der Ökonomie erkannte Foucault so ein kritisches Potential gegenüber Regierungspraktiken und jenen Disziplinarinstitutionen, an denen er sich fast zwei Jahrzehnte abgearbeitet hatte. De Saint Victor überzeichnet daher, wenn er darin nur eine naive Eloge des Markts sieht[45]. Denn Foucault bemerkte durchaus, dass diese ökonomische Kritik

[42] Vgl. ebenda, S. 181 f., sowie Behrent, Liberalism, S. 567.
[43] Diogo Sardinha, Foucault et les dangers du libéralisme, in: Les études philosophiques 76 (2006), S. 121–125, hier S. 125.
[44] Vgl. Klaus Große Kracht, „Ich selbst bin mit Marx vollkommen fertig" – oder: warum Foucault Nietzsche liest, in: Gangolf Hübinger/Andrzej Przyłębski (Hrsg.), Europäische Umwertungen. Nietzsches Wirkung in Deutschland, Polen und Frankreich, Frankfurt a. M. 2007, S. 95–108, hier S. 101.
[45] Vgl. De Saint Victor, 1978, S. 151.

der Macht auf einem grundlegenden Zynismus beruhte[46]. Die an ihn anschließenden *governmentality studies* in den anglo-amerikanischen und
deutschen Sozialwissenschaften haben sich denn auch der kritischen Analyse
des Neoliberalismus gewidmet, wenngleich diese Rezeptionswelle aufgrund
der späten Publikation der Vorlesungen erst in den 1990er Jahren einsetzte[47].

Dessen ungeachtet bleibt festzuhalten, dass Ende der 1970er Jahre der
„starke Staat" gleichzeitig von neoliberalen Ökonomen und links-intellek-
tuellen Kritikern ins Kreuzfeuer genommen wurde. In einer Absetzungsbewegung vom Etatismus der traditionellen Linksparteien, die sich seit
1968 anbahnte, bereitete die französische Neue Linke unintendiert einem
diskursiven Klima den Weg, in dem zu Beginn der 1980er die Saat der neoliberalen Ideen gedeihen konnte. Diesen Prozess jedoch als Verrat oder
Renegatentum zu fassen, griffe zu kurz. Im Spannungsfeld von (staatlicher)
Ordnung und Freiheit entstand vielmehr in den 1970er Jahren eine neue
Art, „links" zu denken, die nicht länger auf der von den Einheitsträumen
der Moderne geprägten Ordnungsutopie des Marxismus basierte. Vielmehr
zeichnete sich darin ein ähnliches Ordnungsdenken der Verflüssigung und
Flexibilisierung gesellschaftlicher Strukturen ab, das auch den Neolibera-
lismus kennzeichnete. Damit wurden beide Ideologien zum Indikator und
Faktor einer tiefgreifenden Verschiebung der gesellschaftlichen Sinnstruk-
turen, welche die Jahre nach dem Boom prägte.

In den Verschiebungen des intellektuellen Felds Mitte der 1970er Jahre
und in Foucaults ambivalenter Auseinandersetzung mit dem Neoliberalismus zeigen sich so einerseits Fragen, die uns bis in die Gegenwart hinein
beschäftigen. Welche Rolle kann, welche Rolle darf der Staat in einer Gesellschaft spielen, in der die Freiheit selbst zum grundlegenden Ordnungs-
prinzip aufgestiegen ist? Wie die Erstarrungen vermeiden, die gerade die
Phase des dynamischsten Wachstums zugleich zu Jahrzehnten des Betons
gemacht hatten – und dies nicht nur in der Architektur[48]? Andererseits

---

[46] Vgl. Foucault, Biopolitik, S. 340f.
[47] Diese Forschungsrichtung, für die in Deutschland beispielhaft die Soziologen
Thomas Lemke und Susanne Krasmann stehen, stellt gewissermaßen eine dritte Welle
der Foucault Rezeption dar. War Foucault im Rahmen der Strukturalismus-Debatte
und im verlegerischen Kontext der Suhrkamp-Reihen „Theorie" und „suhrkamp
taschenbuch wissenschaft" zunächst ausschließlich akademisch gelesen worden,
folgte Ende der 1970er Jahre eine politische Aneignung im Umfeld des Westberliner
Merve Verlags. In den 1980/90er Jahren reakademisierte sich die Rezeption, behielt
jedoch, wie Lemke und Krasmann zeigen, einen kritisch-politischen Impetus bei.
[48] Zur Metaphorik des Festen und Flüssigen vgl. Zygmunt Bauman, Flüchtige Moderne,
Frankfurt a. M. 2003.

jedoch erscheinen Foucaults Ausführungen als Teil einer historischen Absetzungsbewegung von einer Periode des expandierenden Planungs- und Steuerungsstaats, von einer unnachsichtigen Ordnungsmacht mit umfassendem Anspruch, die in unserer Zeit offenbar längst vor den Kräften des freien Markts die Waffen gestreckt hat. Die Entdeckung des Neoliberalismus durch Foucault ist somit durch und durch geprägt vom Charakter einer historischen Schwellenzeit: zugleich am Ende einer sich immer weiter entfernenden Vergangenheit und an den Anfängen der Gegenwart.

Im Mai 2009 wurde John (Iwan) Demjanjuk
Deutschland ausgewiesen. Ein halbes Jahr s
Müncher ein Strafprozess gegen ihn: er hat
Angehöriger der »Trawniki« (Hilfswilliger d
lager Sobibór beim Mord an 28.000 Juden g
der Verhandlung gegen den gebürtigen Ukr
Hunderte Journalisten aus allen Kontinente
NS-Prozess« war aus Mediensicht ein Welten
das Interesse rasch wieder, denn die Sitzung
unspektakulär. Schließlich verurteilte das La
im Mai 2011 zu fünf Jahren Haft wegen Beih
die Prozessparteien Revision einlegten, wur
in Oberbayern eingewiesen, wo er im März 2
Rainer Volk hat den Prozess als Journalist ur
Beginn an verfolgt und analysiert die Berich
Fall, der für Zeithistoriker wie Juristen viele

Rainer Volk, geboren 1961, ist
Hörfunkredakteur beim Südw

Bestellen Sie in Ihrer Fachbuchhandlung
oder direkt bei uns: Tel: 0521/9719-323
Fax: 0521/9719-157 | oldenbourg@cvk.de   ww

Lutz Raphael
Flexible Anpassungen und prekäre Sicherheiten

Industriearbeit(er) nach dem Boom

1. Das „Ende der Maloche"?

Aus der Vogelperspektive der großen wirtschaftlichen und gesellschaftlichen Trends sind die Veränderungen in der Welt industrieller Arbeit zwischen der Mitte der 1970er Jahre und dem Jahrhundertende klar zu sehen, weil sie als erwartbare Folgen längerfristiger Entwicklungen verstanden und beschrieben werden können. Die Öffnung europäischer und internationaler Märkte für Industriegüter und die wachsende internationale Mobilität des Kapitals trieben diesen Prozess voran. Mit den Konjunkturkrisen 1973/74 und 1981/82 beschleunigte sich der Transfer vom industriellen zum Dienstleistungssektor. Strukturkrisen ganzer Branchen, Werkschließungen und massiver Arbeitsplatzabbau prägten diesen Prozess und bestimmten die öffentliche Wahrnehmung. Die industrielle Arbeitswelt schien immer mehr der Vergangenheit anzugehören, die Zukunft des Wirtschaftsstandorts Bundesrepublik schien eindeutig im tertiären Sektor zu liegen.

Slogans wie „Abschied vom Malocher" und „Ende der Maloche" haben diese Trends auf zwei griffige Formeln gebracht. Die relative Erfolgsgeschichte der deutschen Industrie seit der Jahrtausendwende macht aber darauf aufmerksam, dass es sinnvoller sein kann, ergebnisoffener nach den Prozessen der Umstrukturierung industrieller Produktion und – damit aufs engste verbunden – industrieller Arbeitswelten in den 1970er und 1980er Jahren zu fragen, statt allein eine Verlustgeschichte der De-Industrialisierung und ihrer sozialen Begleiterscheinungen zu schreiben.

Bereits ein Blick auf die Wahrnehmungsmuster dieses Strukturwandels durch die Zeitgenossen macht deutlich, dass De-Industrialisierung in der Bundesrepublik Deutschland von den Beteiligten (Gewerkschaftern, Unternehmern, Parteien und Regierungen) nicht generell als „Schicksal" hingenommen worden ist, auch wenn selten Einigkeit darüber bestand, welche Gegenmaßnahmen wirksam beziehungsweise angemessen und vor allem welche Betriebe, Branchen und Regionen mit privaten und öffentlichen Investitionen, Sozialpakten, Betriebsvereinbarungen oder anderen Initiativen zu retten seien. Die wirtschaftspolitischen Versuche der Krisenbewältigung sollen hier nicht behandelt werden, für eine angemessene zeithistorische Perspektive ist es meines Erachtens jedoch wichtig festzuhalten, dass die Zukunft industrieller Produktion in der Bundesrepublik als eine der Kernfragen für das „Modell Deutschland" nach dem Boom galt und das Verschwinden ganzer Branchen und Industriestandorte im westdeutschen Fall (ganz anders als nach 1990 in der früheren DDR) eher die Ausnahme denn die Regel war.

Es lohnt sich also, genauer hinzuschauen und den komplexen Prozess der Veränderungen industrieller Arbeitswelten in den drei Jahrzehnten zwischen 1970 und 2000 in den Blick zu nehmen. Zeitlicher Schwerpunkt sind dabei die zwei Jahrzehnte zwischen den beiden Rezessionen 1973/75 und 1991 bis 1994. Der vorliegende Beitrag ist primär sozialgeschichtlich angelegt und fragt nach den Folgen von Branchenkrisen und Werkschließungen, aber auch nach den Auswirkungen des Aufschwungs neuer Produktionssektoren und der Veränderung der sozialen Organisation von Betrieben und Produktionsabläufen für die Beschäftigten. Industrielle Arbeitswelten werden dabei zugleich auch als wichtige Bestandteile lebensweltlicher Erfahrung, von Biographien und Familienstrategien verstanden.

Die leitende Frage ist im Folgenden, welche Formen der Anpassung an die sich verändernden ökonomischen Rahmenbedingungen in der industriellen Arbeitswelt zu beobachten waren. Es stehen also jene Aspekte im Vordergrund, die man in Übernahme eines aktuellen Konzepts der sozialökologischen und umweltwissenschaftlichen Forschung als Mechanismen und Ressourcen von Resilienz bezeichnen kann. Flexibilität wurde zu einem solchem Mechanismus sowohl für die Betriebe und Unternehmen als auch für die Beschäftigten. Zeitgewinn erwies sich als eine immer wichtigere Ressource, um anstehende oder drohende Umstrukturierungen zu bewältigen beziehungsweise als Beschäftigter die eigene Berufskarriere oder Lebensplanung den neuen Zeiten anzupassen.

2. Arbeitserfahrungen und Berufskarrieren

Welche Folgen hatten diese Trends für die beruflichen Erfahrungen und Arbeitskarrieren von Industriebeschäftigten zwischen der Mitte der 1970er und dem Beginn der 1990er Jahre? Erst wenn man diese Ebene individueller beziehungsweise familiärer Einkommenslagen und Arbeitserfahrungen mit berücksichtigt, gewinnt man genauere Einblicke in die erfahrungsprägende Relevanz dieser Veränderungen.

Eine kollektivbiographische Auswertung der im sozio-ökonomischen Panel (SOEP) erhobenen Sozialdaten von Haushalten seit 1984 erlaubt es, sich der Vielfalt der Arbeitserfahrungen zu nähern. Die folgenden biographischen Fälle sind keineswegs als repräsentativ misszuverstehen, sondern sie sind so ausgewählt worden, dass sie das breite Möglichkeitsfeld der Berufskarrieren erkennen lassen, welche der komplexe Strukturwandel der westdeutschen Industrie seit den 1970er Jahren hervorgebracht hat. Die hierzu herangezogenen Haushaltsdaten haben den Vorteil, kollektivbiographische Informationen über einen längeren Zeitraum (1984 bis 2009) zur Verfügung zu stellen. Sie erlauben es zu untersuchen, wie die Betroffenen auf die Strukturbrüche reagierten. Die übliche statistische Auswertung kann so durch eine qualitative Analyse der Arbeitsbiographien und Haushalts- beziehungsweise Familienstrategien ergänzt werden.

Familie A führt uns in die Facharbeiterwelt des südwestdeutschen Maschinenbaus, konkret nach Ostwürttemberg (Landkreis Heidenheim/Ostalbkreis). Der Vater, ein 1939 geborener Facharbeiter, war seit seinem 17. Lebensjahr kontinuierlich berufstätig, seit 1960 sogar beim selben Arbeitgeber. Als er 1997, mit 58 Jahren, vorzeitig in den Ruhestand trat, war die De-Industrialisierung an ihm vorübergegangen. Er hat seinen Job als Werkzeugmaschineneinrichter kontinuierlich ausgeübt, weiter in Wechselschicht gearbeitet, und die vielfältigen Veränderungen in den technischen Produktionsabläufen und der sozialen Betriebsorganisation als Möglichkeiten beruflicher Weiterentwicklung und partiell gewachsener Mitentscheidungs- und Gestaltungschancen wahrgenommen. Die krisenhaften Konjunkturschwankungen in seiner Branche haben sich aber in den 1980er und frühen 1990er Jahren in erheblichen Lohnschwankungen niedergeschlagen – Schwankungen, die aber durch das regelmäßigere Einkommen seiner seit 1962 in der öffentlichen Verwaltung teilzeitbeschäftigten Frau abgefedert worden sind. Auch die drei Söhne und Schwiegersöhne dieser Familie, 1961, 1963 und 1965 geboren, haben Industrieberufe erlernt und als Facharbeiter ihre Berufslaufbahnen begonnen. Zwei starteten in der Kfz-Herstellung, aber alle drei erlebten in den Anfangsjahren ihres Berufslebens Phasen der Unterbrechung – der eine die verlängerte Bundeswehrdienstzeit als spät Eingezogener, die anderen als kürzere Phasen der Arbeitslosigkeit. Immer waren diese Unterbrechungen auch mit Stellenwechseln verbunden, bevor dann auch die drei jüngeren Mitglieder dieses Arbeiterhaushalts nach Heirat und Familiengründung in der zweiten Hälfte der 1990er Jahre festere Beschäftigungsverhältnisse suchten und fanden. In diesen Arbeiterhaushalten verdienten die Männer übrigens bis zu 80 Prozent des monatlichen Haushaltseinkommens, ihre

Frauen waren nach Phasen der Mutterschaft und der Kindererziehung wieder als Teilzeitbeschäftigte berufstätig. Familie A steht für die Erfahrungswelt vieler Facharbeiter, welche die Phase der Umstrukturierungen in der Mitte oder am Beginn ihres beruflichen Lebens zugleich als Chance wie Notwendigkeit der beruflichen Weiterentwicklung und Anpassung an den beschleunigten technologischen Wandel erlebten[1].

Haushalt B[2] in Nordrhein-Westfalen (Region Wuppertal) macht deutlich, dass auch im Kernsektor des Maschinenbaus die Prozesse sozialgeschichtlich keineswegs immer so glatt verliefen: Der 1959 geborene Haushaltsvorstand, Facharbeiter und ebenfalls kontinuierlich, von 1974 bis 1994, im selben Betrieb, einem Kleinbetrieb des Maschinenbaus, als Werkzeugmaschineneinrichter tätig, erlebte das jähe Ende dieser stabilen Arbeitswelt mit der Stilllegung seines Betriebs 1995. Es folgten acht Jahre, die geprägt waren von wiederholter Arbeitslosigkeit, häufiger wechselnden Jobs, unter anderem in der Textil- und Bekleidungsindustrie, bevor er seit 2003 wieder eine längerfristige Beschäftigung in einem Unternehmen der Metallerzeugung finden konnte. Auch in diesem Fall wurden Einkommensverluste und Lohnschwankungen vor allem durch die Teilzeitbeschäftigung der sechs Jahre jüngeren Ehefrau kompensiert, die in den verschiedensten Branchen tätig war, bevor sie wieder in ihrem erlernten Beruf als Arzthelferin arbeitete. Dieser jüngere Facharbeiter, der erst nach dem Boom seine Berufskarriere begann, erlebte in der Mitte der 1990er Jahre die Umstrukturierungen der westdeutschen Industrie persönlich als Krise seiner Berufskarriere, und er brauchte etwa acht Jahre, um als dann Vierzigjähriger wieder in dauerhaftere Beschäftigungsverhältnisse zu gelangen.

Haushalt C[3] ist den vielen Fällen ausländischer Arbeiterfamilien entnommen. Es handelt sich um einen türkischen Arbeiterhaushalt in der Region südlicher Oberrhein/Freiburg. Der Vater, 1940 geboren, war bis zum Alter von 52 Jahren ununterbrochen berufstätig. Seit 1973 arbeitete er in Wechselschicht als Maschinenbediener beim selben Textilhersteller; 1992 wurde ihm gekündigt, und er war dann fünf Jahre arbeitslos, bevor er mit 58 Jahren in Rente ging. Das vorzeitige Ende des Berufslebens vor allem un- oder angelernter Arbeiter wird in diesem Fall besonders deutlich; ein großer Teil der Arbeitsplatzverluste in den westdeutschen Industrien wurde auf diese Weise „sozialverträglich", aber auch kostenintensiv für die sozialen Sicherungssysteme geregelt. Das unerwartet frühe und plötzliche soziale

---

[1] SOEP Haushalts-IDs 32646, 70602, 79529.
[2] SOEP Haushalts-ID 13080.
[3] SOEP Haushalts-ID 58394.

Altern einer ganzen Generation von Industriearbeitern bedeutete auch einen deutlichen Einschnitt in den familiären Ordnungen und den Einkommens-strategien der Haushalte. Auffällig ist im Fall dieses Haushalts, dass auch die nächste Generation der Söhne und Schwiegersöhne in industriellen Be-rufen tätig blieb, mal als angelernte Arbeiter, mal als Facharbeiter[4]. Typisch für ihre Berufsanfänge in den 1980er Jahren ist aber wiederum eine viel größere Instabilität der Beschäftigungsverhältnisse beziehungsweise der Wechsel zwischen Arbeitslosigkeit und Berufstätigkeit und der Wechsel zwischen unterschiedlichen Betrieben oder Branchen.

Diese drei Fälle können vielleicht besser als die Zahlen der Statistik deutlich machen, dass der Strukturwandel der westdeutschen Industrie soziale Situationen generierte, die das gesamte Spektrum vom sozialen Wandel im Zeichen lebensgeschichtlicher Kontinuität bis hin zu Abbrüchen der Arbeitsbiographien und Lebenskrisen umfassen. Gleichzeitig werden generationsspezifische Unterschiede deutlich. Den Berufseinsteigern der Jahre zwischen 1975 und 1995 zwang die dynamischere, instabilere Industriewelt ein größeres Maß an Flexibilität auf; sie bot aber auch die Chance des be-ruflichen Aufstiegs und der Weiterqualifikation. Auffällig in den bisher ausgewerteten Arbeiterlaufbahnen dieser Generation ist jedoch, dass die meisten von ihnen dann nach Heirat und Familiengründung industrielle Arbeitsplätze gefunden haben, die mehr Sicherheit und Kontinuität boten. Hierin spiegelt sich auch der relative Markterfolg westdeutscher Industrie-unternehmen in den späten 1980er Jahren und während der 1990er Jahre wider. Diesen jüngeren Vertretern erneuerter Stammbelegschaften standen die immer zahlreicheren langzeitarbeitslosen oder frühverrenteten Arbeiter der Jahrgänge 1930 bis 1945 gegenüber. Der Strukturwandel im Zeichen der De-Industrialisierung, so lassen diese Haushaltsdaten des sozio-ökonomi-schen Panels jedenfalls vermuten, vertiefte Erfahrungsunterschiede zwischen den Alterskohorten und wirkte in Richtung spezifischer generationeller Prägungen innerhalb der Industriebeschäftigten.

3. Branchen und Fabriken im Strukturwandel

Ein Blick auf die Entwicklung der Branchen und Betriebe kann diese ersten Beobachtungen schärfen und ergänzen. Erste statistische Orientierung soll ein Vergleich der amtlichen Arbeitsstättenzählungen von 1970 und 1987 für die Bereiche „produzierendes Gewerbe" und „Bau" liefern.

---

[4] SOEP-Haushalts-IDs 84271, 90271, 102702.

Tabelle 1: Beschäftigte im produzierenden Gewerbe und in der Bauindustrie 1970 bis 1987 im Vergleich[5]

	1970	1987	Trend 1970 bis 1987	Trend in Großbetrieben	Anteil der Beschäftigten in Großbetrieben (Prozent 1987)
Maschinenbau	1.269.980	1.103.666	-13,1	-34,5	26,3
Leder, Textil, Bekleidung	1.209.794	607.156	-49,6	-73	4,4
Elektrotechnik	1.148.041	1.007.226	-12,3	-25,1	40,8
Metallerzeugung/-bearbeitung	925.364	663.688	-28,3	-51,2	33,8
Chemie	609.008	551.863	-9,4	-9,7	40,0
Kfz-Bau	576.545	735.982	24,7	23,4	80,1
Schiffsbau	75.865	40.645	-46,4	-56,9	52,9
Lebensmittel, Tabak	971.536	784.601	-19,2	-50,7	3,8
Produzierendes Gewerbe insgesamt	10.124.645	8.352.548	-17,5	-24,3	27,9
Bau	2.249.983	1.851.652	-17,7	-56,6	1,2

Die Befunde sind eindeutig: 1987, also gut 14 Jahre nach der ersten Ölkrise waren mehr als 1,77 Millionen Arbeitsplätze im gewerblichen Sektor und knapp 400.000 in der Bauindustrie verschwunden; das waren knapp 18 Prozent aller industriellen Arbeitsplätze bezogen auf das Ausgangsjahr 1970. Ein Blick auf die Zahlen der beschäftigungsintensivsten Branchen bestätigt dann auch das bekannte Bild: die größten Schrumpfungen erlebten Sektoren wie die Textil- und Bekleidungsindustrie, der Schiffsbau (hier verschwand fast die Hälfte aller 1970 gezählten Arbeitsplätze!), die Stahlindustrie (dort ging mehr als ein Viertel der Arbeitsplätze verloren); stabiler blieb das Beschäftigungsniveau in der Chemieindustrie (-9,4 Prozent), im Maschinenbau (-13 Prozent) und in der Elektroindustrie (-12 Prozent). Schließlich lassen sich 1987 einige wenige Sektoren mit wachsendem Arbeitsplatzangebot identifizieren wie die Automobilindustrie und ihre Zuliefererbetriebe (fast 25 Prozent Zuwachs).

---

[5] Vgl. Statistisches Bundesamt, Unternehmen und Arbeitsstätten. Arbeitsstättenzählung vom 25. Mai 1987, Stuttgart o.J. (1989), S. 14–21 (Fachserie 2, H. 11).

Weniger bekannt und noch viel weniger reflektiert ist ein weiterer Trend. Die Zahl der Betriebe ist relativ zum Rückgang der Beschäftigten weniger stark zurückgegangen. Es waren vor allem Großbetriebe, welche die Konjunktur- und Strukturkrisen der 1970er und 1980er Jahre nicht überstanden haben. Wie Tabelle 1 zeigt, lässt sich dieser Trend über alle hier ausgewählten Branchen hinweg beobachten. Insgesamt nahm das Gewicht mittlerer und kleinerer Betriebe im Archipel industrieller Produktion zu. Sozialgeschichtlich ist dies nicht ohne Bedeutung. Der VW-Bandarbeiter, aber auch der Thyssen-Stahlwerker, beide in Großbetrieben tätig, waren 1987 viel weniger „repräsentativ" für industrielle Arbeitswelten der Bundesrepublik, als sie dies noch 1970 waren!

Der Anteil der in Großbetrieben Beschäftigten hatte 1987 bereits die 30 Prozent Marke unterschritten. Das macht die Aufgabe für Sozialhistoriker des industriellen Strukturwandels nicht leichter, denn die Welt der Klein- und Mittelbetriebe ist uns weniger bekannt, vor allem, wenn es um die technischen Veränderungen in der Produktion und deren Folgen beziehungsweise Begleiterscheinungen in der sozialen Betriebsorganisation geht. Diese vielfach mittelständisch geprägten Unternehmen gewannen also in der Phase der Umstrukturierungen seit 1973 relativ an Bedeutung. Eine systematische zeithistorische Sichtung vorhandener Studien über diese Welt der kleinen und mittleren Industriebetriebe steht meines Wissens noch aus, einige zeitgenössische industriesoziologische Studien bieten jedoch ausgesprochen interessante Einblicke in die Veränderungen kleinbetrieblicher Arbeitswelten in den 1970er und 1980er Jahren. Hermann Kotthoff und Josef Reindl haben mittelständische Unternehmen in den Branchen Bekleidung, Möbel und Maschinenbau in den späten 1980er Jahren untersucht[6]. Ordnung in die enorme Vielfalt betrieblicher Situationen bringen regionale Strukturmuster: Gerade Klein- und Mittelbetriebe blieben eingebettet in regionale Muster gewerblicher Arbeitsorganisation. Dies galt für die Betriebe der Polstermöbelherstellung im ländlich geprägten Coburger Raum oder für die Maschinenbaubetriebe im Schwarzwald, für die Bekleidungsbetriebe im montan-industriell geprägten Saarland ebenso wie für die untersuchten Textil- oder Maschinenbauunternehmen im Großraum Frankfurt/Offenbach oder Stuttgart, die durch eine gewerkschaftlich organisierte Facharbeiterkultur geprägt waren.

---

[6] Vgl. Hermann Kotthoff/Josef Reindl, Die soziale Welt kleiner Betriebe. Wirtschaften, Arbeiten und Leben im mittelständischen Industriebetrieb, Göttingen 1990.

Gleichzeitig waren die Arbeitsverhältnisse der meister dieser Betriebe tiefgreifend beeinflusst vom Anpassungszwang an veränderte Marktbedingungen im Zeichen der „Globalisierung". Sie konfrontierte Belegschaften wie Unternehmensleitungen mehr oder weniger beständig mit dem Risiko der Insolvenz beziehungsweise des Arbeitsplatzverlusts und des Zwangs zu weiteren Rationalisierungen oder Produktionsveränderungen als Voraussetzung dafür, die Chancen neuer (internationaler) Märkte überhaupt nutzen zu können. Diese Welt industrieller Kleinbetriebe ist zugleich jedoch auch eine Welt, die in den 1970er Jahren einen doppelten Umbruch erlebt hat: Viele dieser Betriebe hatten in diesen Jahren einen Wechsel ihres Leitungspersonals zu überstehen. Dieser Generationenwechsel war zugleich verbunden mit der Herausforderung, den in den Jahrzehnten des Booms gepflegten Stil autoritärer oder patriarchalisch geführter Unternehmensleitung den neuen Bedingungen anzupassen oder zugunsten neuer Modelle aufzugeben.

Diese Umstellung der „betrieblichen Sozialordnungen"[7] erfolgte zwar „von oben", musste jedoch in einem Teil der Unternehmen den neuen Mitbestimmungsansprüchen und -rechten der Belegschaften Rechnung tragen: Betriebsräte gehörten ebenfalls zur neuen sozialen Realität kleiner und mittlerer Betriebe der 1970er und 1980er Jahre. In dem Zusammentreffen dieser beiden Trends entstanden ganz unterschiedliche Konstellationen mit einer riesigen Spannweite, was die sozialen Organisationsformen angeht: Sie reicht vom Typ „seelenlose Arbeitshäuser", in der nur noch ein „Skelett aus Maschinen, Organisationsregeln und Produktionsfaktoren" existierte, um einfache Produkte für Massenmärkte mit austauschbaren Belegschaften herzustellen, bis zum Typ „integrative Bürgergesellschaften", in denen gewerkschaftliche Mitbestimmung und sachlich-professionelles Management eng kooperierten. Hier reichte das Produktionsspektrum von den Spezialbetrieben der Maschinenbauindustrie bis zur Qualitätsproduktion in der Möbel- und Bekleidungsindustrie.

Diese Befunde machen den Zeithistoriker hellhörig. In den mittelständischen Industrieunternehmen vollzog sich zum einen häufig eher geräuschlos das Drama der De-Industrialisierung in Form von Entlassungen oder Werkschließungen, aber zugleich organisierten sich hier auch die Anpassungsstrategien und der Widerstand dagegen. Dies gilt gerade für klassische Sektoren wie die Textilbranche oder die Möbelindustrie. Die Suche nach

---

[7] Ebenda, S. 354; die folgenden Zitate sind derselben Studie, S. 236 und S. 142, entnommen.

geeigneten Marktlücken für die eigene Produktion artikulierte sich dabei in ganz unterschiedlichen neuen „Produktionskonzepten", wie dies zeitgenössisch von einflussreichen Industriesoziologen genannt wurde[8]. Die erfolgreiche Mobilisierung der Beschäftigten, ihres Fach- oder ihres impliziten Produktionswissens sowie ihrer Einsatzbereitschaft gehörte dabei zu den wichtigsten Erfolgsfaktoren bei der Einführung neuer – computergesteuerter – Fertigungstechniken. Flexibilität wurde dabei zu einem ganz wesentlichen Bestandteil dieser industriellen Arbeitswelten und betraf so unterschiedliche Aspekte wie die Umstellung der Produkte und der Fertigungsserien, die Regelung der Arbeitszeiten, die Anpassung der Löhne an Auftragslagen, den Wechsel betrieblicher Arbeitsplätze und die Übernahme unterschiedlicher Aufgaben durch den einzelnen Beschäftigten.

4. Berufsprofile im Wandel

Einen weiteren Einblick in den Wandel industrieller Arbeitswelten kann man schließlich gewinnen, wenn man sich die Veränderungen in der Zusammensetzung der dort Beschäftigten anschaut. Zunächst bietet es sich an, nach dem Qualifikationsniveau zu fragen.

Tabelle 2: Veränderung der Beschäftigtenstruktur im produzierenden Gewerbe 1970 bis 1987[9]

	1970	1987	Trend
Arbeitnehmer	9.558.329	7.987.532	-16,5
Frauen	3.045.167	2.314.878	-24
Ausländer	1.053.730	805.116	-23,6
Angestellte	2.257.257	2.331.278	+3,3
Facharbeiter	2.713.311	2.488.180	-8,3
Sonstige Arbeiter	4.119.564	2.684.425	-36,8
Auszubildende	468.197	554.539	+18,4

Die industriellen Arbeitswelten wurden immer mehr Welten qualifizierter Beschäftigter, waren sie nun Facharbeiter, Meister, Techniker, Ingenieure oder Wissenschaftler. In den Werkshallen veränderten sich die Relationen

---

[8] Horst Kern/Michael Schumann, Das Ende der Arbeitsteilung? Rationalisierung in der industriellen Produktion. Bestandsaufnahme, Trendbestimmung, München 1984.
[9] Vgl. Unternehmen und Arbeitsstätten, S. 44f.

zwischen Facharbeitern und an- beziehungsweise ungelernten Arbeitern. Stellten letztere 1970 noch 60 Prozent der industriellen Arbeiterschaft, fiel ihr Anteil seitdem konstant. 1987 überwog ihr Anteil nur noch knapp den der Facharbeiter. Der Trend hielt auch in 1990er Jahren an. Gleichzeitig wurde die industrielle Arbeitswelt noch männlicher als in der Phase des Booms, als mit Textil, Bekleidung und Nahrungsmittelindustrie Branchen mit einem hohem Anteil weiblicher Beschäftigter stark gewachsen waren. Dieser Trend zur Schaffung häufig unqualifizierter Arbeitsplätze für Frauen setzte sich nach 1973 im Industriesektor nicht mehr fort, er wanderte aber weiter in den boomenden Dienstleistungsbereich[10]. Industriearbeiterinnen waren von Stellenabbau und Stilllegungen zahlenmäßig noch häufiger betroffen als ihre männlichen Kollegen. Gleiches gilt für die ausländischen Arbeitnehmer, die andere große Gruppe der „industriellen Reservearmee" der Wachstumsphase der 1960er und frühen 1970er Jahre.

In diesen männlich dominierten Arbeitswelten wiederum verschoben sich die Gewichte. Der „Abschied vom Malocher" ist das klischeehafte Bild für diese Veränderungen, es ist aber einer Branche entnommen, die eher atypisch für die Bundesrepublik war: In der Stahlindustrie und im Bergbau, den beiden Leitbranchen der alten Industrieregionen an Saar und Ruhr, dominierte der unqualifizierte Arbeiter, dem allein innerbetrieblicher Aufstieg und Erfahrungszugewinn seinen Status sicherte. Und dieser „Malocher" war der Hauptverlierer in den Branchenkrisen, als man Belegschaften verkleinerte und Werke stilllegte. So wurden in der westdeutschen Eisen- und Stahlbranche zwischen 1975 und 1985 387.000 „Abgänge" gezählt – vor allem ältere und angelernte Arbeiter, unter denen viele Ausländer waren. Dem standen aber 247.000 Neueinstellungen vor allem von gut ausgebildeten, jüngeren Arbeitskräften gegenüber[11]. Der Facharbeiter wurde nach dem Boom für die westdeutsche Industriearbeit zu einer immer wichtigeren Figur. Seine Kompetenzen am Arbeitsplatz, aber auch sein Tariflohn hingen primär ab von seiner Ausbildung. Dies machte ihn auch weniger abhängig vom jeweiligen Betrieb, zuweilen sogar relativ unabhängig von der Branche. Die Verberuflichung der industriellen Arbeitswelt gehört zu den Strukturen langer Dauer der deutschen Industrieentwicklung im 20. Jahr-

---

[10] Vgl. Nicole Mayer-Ahuja, Wieder dienen lernen? Vom westdeutschen „Normalarbeitsverhältnis" zu prekärer Beschäftigung nach 1973, Berlin 2003.
[11] Vgl. Uwe Jürgenhake/Beate Winter, Neue Produktionskonzepte in der Stahlindustrie. Ökonomisch-technischer Wandel und Arbeitskräfteeinsatz in der Eisen- und Stahlindustrie und seine Auswirkungen auf die Arbeitsorganisation und -gestaltung sowie die betriebliche Aus- und Weiterbildung, Dortmund 1992, S. 36.

hundert. Dieser Trend ist in den Turbulenzen der Konjunkturkrisen und der technologischen Innovationen seit 1973 überraschenderweise nochmals verstärkt worden. Dies wird deutlich, wenn man auf die Alterskohorten blickt: In der Gruppe der Arbeiter, die nach 1975 ihre berufliche Laufbahn begannen, lag der Anteil der Facharbeiter bei 43,5 (1984) beziehungsweise 44,8 Prozent (1995)[12]. Hinzu trat noch ein wachsender Anteil höherqualifizierter Berufseinsteiger, die meist als Angestellte beschäftigt wurden.

Aufschlussreich ist zudem, dass dabei die Zahl derer weiter zunahm, die in ihrem erlernten Beruf arbeiteten. Dabei sind jedoch die geschlechterspezifischen Unterschiede beachtlich: 1984 waren 35,6 Prozent der befragten Männer, aber nur 17,4 Prozent der Frauen in ihrem erlernten Beruf tätig; der deutlich höhere Anteil ungelernter Arbeiterinnen und Angestellten in den untersuchten Arbeiterhaushalten (nämlich 32 Prozent) erklärt diese Differenz[13].

Ein Blick in die Berufsstatistiken erlaubt es, zunächst einmal die unterschiedlichen Risiken und Karrierechancen abzuschätzen, die mit den verschiedenen Berufen verbunden waren. Potentielle Gewinner und Verlierer der Modernisierungen/Rationalisierungen industrieller Produktionsprozesse jenseits der Branchengrenzen werden damit sichtbar. Auch die Welt der industriellen Berufe ist enorm vielfältig. Aus einer in den 1980er Jahren entstandenen qualitativen Studie, die sich mit den Berufsperspektiven von jungen Facharbeitern beschäftigte, geht hervor, wie groß auch in diesem Fall die Spielräume waren und wie sehr im Zeichen von Krisenbewältigung und Arbeitsplatzabbau kleine Differenzen in den Berufsbildern zu großen Unterschieden in den Arbeitskarrieren werden konnten: Während sich für junge Werkzeugmacher in den 1980er Jahren eher Chancen zum weiterem Aufstieg in qualifiziertere Tätigkeitsfelder ergaben, die sie durch individuelle Strategien des Arbeitsplatzwechsels oder der Weiterqualifikation vorantreiben konnten[14], standen beispielsweise Dreher oder Fräser vor der Herausforderung, sich als Facharbeiter in der Produktion vor den Risiken der Entlassung, der Abteilungs- oder Betriebsstilllegung zu schützen. Die individuellen Strategien reichten hier von vorsichtiger Absicherung durch innerbetrieblichen Aufstieg bis zum Ausstieg aus der Industriearbeit oder zur Weiterqualifikation zum Ingenieur.

---

[12] SOEP eigene Auswertung, Zahlen 1995 nur für die alten Bundesländer ohne Berlin.
[13] SOEP 1985 eigene Berechnungen.
[14] Vgl. Lothar Lappe, Berufsperspektiven junger Facharbeiter. Eine qualitative Längsschnittanalyse zum Kernbereich westdeutscher Industriearbeit, Frankfurt a. M. 1993, S. 242 ff.; zum Folgenden vgl. ebenda, S. 143–220.

Schließlich kommt ein solcher Überblick über die Welt industrieller Arbeit nicht aus ohne einen Blick auf die Arbeitslosenstatistik. Waren bis zur ersten Ölpreiskrise 1973/74 die industriellen Arbeitsmärkte Anbieter-märkte, so verschoben sich danach sehr rasch die Kräfteverhältnisse. Stellen-angebote für Industriearbeiter nahmen drastisch ab, der Erhalt des eigenen Arbeitsplatzes gewann für die individuellen wie auch für die kollektiven Strategien der Interessenabsicherung immer mehr an Bedeutung. Mit den Rationalisierungen und Werkschließungen nahm schließlich auch die Zahl der durch Arbeitslosigkeit unterbrochenen Berufskarrieren zu. Eine zeit-genössische Studie bezifferte die Zahl derer, die zwischen 1979 und 1984 arbeitslos geworden seien, auf circa zehn Millionen[15]. Eigene Auswertungen des SOEP 1985 kommen zu dem Ergebnis, dass in Arbeiterhaushalten 23,1 Prozent der Mitglieder zwischen 1975 und 1984 mindestens einmal arbeits-los geworden waren. Für 16 Prozent handelte es sich dabei um eine einmalige Erfahrung. Für ähnlich viele, 17,6 Prozent, betrug die (kumulierte) Dauer ihrer Arbeitslosigkeit maximal ein Jahr[16]. Dies galt sowohl für Männer als auch für Frauen. Häufiger arbeitslos wurden die beruflichen Neueinsteiger seit 1975 (27 Prozent); mehr als jeder Fünfte (22 Prozent) dieser nach 1955 Geborenen war bis zu einem Jahr ohne Beschäftigung.

Aber diese Durchschnittswerte verbergen wiederum sektorale und regio-nale Unterschiede. Die Branchendifferenzen sind bereits angesprochen worden, in Verbindung mit ihnen entwickelte sich ein deutliches Nord-Südgefälle in den industriellen Arbeitswelten der Bundesrepublik. Während Arbeiterhaushalte in Bayern, Baden-Württemberg, aber auch in Nordrhein-Westfalen im Zeitraum zwischen 1975 und 1984 unterdurchschnittlich von Arbeitslosigkeit betroffen waren, hatte vor allem die Werftenkrise die drei nördlichen Küstenländer Hamburg, Bremen und Schleswig-Holstein zu Krisenregionen gemacht: Hier waren 26,4 Prozent mindestens einmal arbeits-los geworden, und hier war mit 8,1 Prozent die Zahl derjenigen, die länger als ein Jahr arbeitslos waren, deutlicher höher als im Süden (4,4 Prozent) und Westen (4,7 Prozent) der Bundesrepublik[17].

Die Jugendarbeitslosigkeit stieg auch in der Bundesrepublik an, blieb aber auf einem relativ niedrigen Niveau. Vor allem zeigen qualitative Unter-suchungen, dass der Berufseinstieg der nachrückenden Alterskohorten zwar

---

[15] Vgl. Gerd Mutz u. a., Diskontinuierliche Erwerbsverläufe. Analysen zur postindus-triellen Arbeitslosigkeit, Opladen 1995, S. 24.
[16] Eigene Berechnungen: N = 5253.
[17] Anzahl der Fälle nach Ländergruppen. Baden-Württemberg und Bayern = 1833, drei Nordländer = 246, Nordrhein-Westfalen = 319. SOEP 1985 eigene Berechnungen.

anders als in den Boomjahren keineswegs einfach verlief, aber dennoch gelang. Die eingangs präsentierten Fälle von Berufseinsteigern haben bereits
erkennen lassen, dass viele Jugendliche und Berufsanfänger Umwege, Warte-
zeiten und Arbeitslosigkeit in Kauf nehmen mussten, bevor sie eine mehr
oder weniger sichere Arbeitskarriere starten konnten.

5. Fazit

Die industriellen Arbeitswelten schrumpften nicht nur, sondern sie veränderten sich in einem Tempo, das sich allmählich beschleunigte. Das lag
an veränderten Marktbedingungen, technologischen Innovationen (*com-
puter-aided design* und so weiter), aber nicht zuletzt auch an Veränderungen in der sozialen Betriebsorganisation. Die sozialstatistischen Befunde
lassen die Konturen eines sehr widersprüchlichen Prozesses der Umstrukturierungen in den industriellen Arbeitswelten erkennen, bei dem Faktoren
institutioneller Stabilität eine wichtige Rolle spielten und für mehr Kontinuität sorgten als etwa in den westeuropäischen Nachbarländern. Institutionelle Stabilität herrschte im Gebiet der alten Bundesrepublik bis in die
Mitte der 1990er Jahre vor im Bereich des Arbeitsrechts (Kündigungsschutz),
des Berufsausbildungswesens, des Tarifwesens (hier ist vor allem die Institution des Flächentarifvertrags zu nennen) und des Sozialrechts. Zwar kam es
hier zu einer ganzen Reihe von Anpassungen oder Reformen mit dem Ergebnis, dass vielfach Leistungsansprüche gekürzt beziehungsweise eingeschränkt
und Schutzklauseln aufgeweicht wurden; auch die Tarifverträge öffneten
die Türen für flexiblere betriebliche Regelungen. Dennoch blieben die vielfältigen Flexibilisierungen in den industriellen Arbeitswelten bis in die Mitte
der 1990er Jahre in einen institutionellen Rahmen eingebettet, der von
Kompromissen geprägt blieb, die Regierung, Gewerkschaften und Unter-
nehmerverbände immer wieder eingingen, um die eigenen Interessen und
Handlungsoptionen in den als unsicher und zunehmend auch als unkalku-
lierbar eingeschätzten Zeiten abzusichern.

Aus der Rückschau wird deutlich, dass dieses korporative Modell in der
anhaltenden Krise industrieller Beschäftigung allmählich erodierte. Vor allem
die Unternehmerseite und die Wirtschaftspresse kritisierten die vermeintlich
zu hohen Kosten und die Schwerfälligkeit des institutionellen Gefüges, die
es nicht zulasse, in angemessener Zeit auf krisenhafte Veränderungen oder
unerwartete Herausforderungen des internationalen Wettbewerbs zu reagieren. Für die Gewerkschaften wurden die Spielräume für Zugeständnisse
immer enger; gleichzeitig wuchs die Bereitschaft der Betriebsräte, den Be-

dürfnissen der eigenen Basis und damit den Egoismen der Betriebsgemein-
schaften mehr Raum zu geben. Flexibilisierung war aber nicht nur ein
Schlüsselwort der arbeitspolitischen Auseinandersetzungen. Dieser Begriff
trägt auch viel zum Verständnis der alltagspraktischen Veränderungen bei,
mit denen Industriebeschäftigte nach dem Boom zu rechnen hatten. Gerade
die relative Stabilität der institutionellen Rahmenordnungen trennt diese
Phase des industriellen Strukturwandels von einer zweiten Phase, deren Konturen in den industriellen Arbeitswelten erst Mitte der 1990er Jahre deutlich wurden. Die alte Deutschland AG löste sich auf, wobei die kurzfristige
Profitorientierung auch für die Industrieunternehmen eine wachsende
Bedeutung erhielt. Die neoliberalen Arbeitsmarktreformen der Regierungen
seit 1994 öffneten die Tore industrieller Betriebe für eine wachsende Zahl
von Leiharbeitern und führten dazu, dass mit Beginn des neuen Jahrtausends
auch der bis dahin marginale Niedriglohnsektor rasch wuchs und das
Lohngefälle in der industriellen Arbeiterschaft nach zwei Jahrzehnten
erstmals wieder erheblich zunahm. Die sozialen Kosten der Flexibilisierung
stiegen nun erheblich. Aber das ist bereits die unmittelbare Gegenwart.

Christian Marx

Die Manager und McKinsey

Der Aufstieg externer Beratung und die Vermarktlichung des Unternehmens am Beispiel Glanzstoff

1. Unternehmensführung im Wandel

Wenn in den 1970er Jahren von der Omnipotenz der Multis die Rede war, ging es sowohl um die Übermacht der Unternehmensleitungen gegenüber ihren Beschäftigten als auch um das Verhältnis von Staat und Wirtschaft. Multinationale Konzerne, so hieß es, seien staatlich gebundenen Akteuren auf zahlreichen politischen Feldern aufgrund ihrer ökonomischen Macht und ihrer Möglichkeit, nationale Regelsysteme gegeneinander auszuspielen, weit überlegen[1]. Aus dieser Perspektive erschienen Großkonzerne als monolithische Blöcke und mächtige Gegenspieler staatlicher Regulierung. Ihrer fortschreitenden Expansion hatten in Zeiten des Booms allenfalls fehlende Arbeitskräfte oder mangelnde Ressourcen gegenübergestanden. Mit dem Auslaufen des Nachkriegsbooms setzte eine zunehmende (internationale) Arbeitsteilung ein, die sich nicht auf die fortschreitende Ausdifferenzierung einzelner produktiv-technischer Arbeitsschritte in den Betrieben und die Aufteilung der Warenproduktion zwischen Unternehmen beschränkte, vielmehr wurde nun auch das (Management-)Wissen selbst zur Ware. Die festen Hierarchien und rigiden Formen der Arbeitsteilung lösten sich auf. Hierbei erlebte die Unternehmensführung einen doppelten Bruch[2]. Zum einen verblasste der Primat der Produktionsökonomie zugunsten einer Orientierung auf den Markt und das Käuferverhalten, zum anderen wurde die institutionelle Grenze des Unternehmens aufgeweicht und externes Expertenwissen zur Führung und Koordination desselben auf dem Markt erworben. In Anbetracht fallender Wachstums- und Gewinnzahlen sowie der exogenen Schocks zu Beginn der 1970er Jahre sahen europäische Manager den Ausbau des internationalen Geschäfts als eine aus strukturellen Zwängen notwendige Maßnahme an, die nun zur Verbreitung neuer, markt- und erlösorientierter Führungs- und Managementmodelle beitrug.

---

[1] Vgl. die Artikelserie im Spiegel vom 29.4.1974: „Die Allmacht der Multis", vom 6.5.1974: „Stärker als der Staat" und vom 20.5.1974: „Multis: Gewalt statt Wettbewerb".
[2] Vgl. Horst Kern/Michael Schumann, Das Ende der Arbeitsteilung? Rationalisierung in der industriellen Produktion: Bestandsaufnahme, Trendbestimmung, München 1984.

Die zahlreichen Umstrukturierungen und neuen Leitvorstellungen in
den Unternehmen waren Teil einer vielfältigen Um- und Abbruchperiode,
die mit der Rückkehr multipler Krisen am Ende des Booms einsetzte. Am
Beispiel der Fusion der Algemene Kunstzijde Unie (AKU) und der Vereinigte
Glanzstoff-Fabriken AG (VGF), zwei europäischen Kunstfaserproduzen-
ten, und ihren anschließenden Restrukturierungen wird im Folgenden der
Bedeutungsgewinn externen Beratungswissens dargestellt. Die holländische
AKU kooperierte seit den 1920er Jahren mit der Wuppertaler VGF. Nachdem sich beide Unternehmensleitungen 1953 auf eine Neuregelung ihrer
Beziehungen verständigt hatten, erwuchs während der 1960er Jahre auf bei-
den Seiten das Bedürfnis, die Geschäftsfelder vollständig zu fusionieren. Mit
der Erweiterung des deutsch-holländischen Duos um die in den Niederlanden ansässige KZO-Gruppe (Koninklijke Zout-Organon N.V.) entstand 1969
der Akzo-Konzern als größter westeuropäischer Kunstfaserproduzent[3].
Obwohl das Produktportfolio durch den Zusammenschluss mit der KZO
erheblich ausgeweitet wurde, entfielen 1969 noch über 50 Prozent des
Umsatzes auf den Faserbereich, der in der folgenden Dekade vor massiven
Absatzproblemen stand.

Sowohl bei der Fusion als auch bei den nachfolgenden Umstrukturierungen griff die Unternehmensleitung auf externes Fachwissen des US-amerikanischen Beratungsunternehmens McKinsey & Company zurück. Werner
Abelshauser hat für denselben Zeitraum die Einschaltung McKinseys im
Fall der BASF beleuchtet, bei der sich der Vorstand der Berater bediente, um
eine Unternehmensreorganisation voranzutreiben. Ebenso verweist Susanne
Hilger auf die mehrjährige Beratung von Henkel durch das Stanford Research Institute seit den 1960er Jahren. Auch hier folgten eine Reorganisation
der Firmenstruktur und eine strategische Neuausrichtung des Unternehmens[4]. Der Rückgriff auf externes Beratungswissen bei AKU/VGF war somit
kein Einzelfall, sondern Teil eines breiteren Prozesses. Dieser brachte nicht
nur eine Umgestaltung bisheriger Strategien und Strukturen innerhalb des
bestehenden Unternehmenskorsetts mit sich, sondern bewirkte vielmehr die

[3] Vgl. Ludwig Vaubel, Glanzstoff, Enka, Aku, Akzo. Unternehmensleitung im nationalen und internationalen Spannungsfeld 1929 bis 1978, Bd. 1, o. O. 1986; Ben Wubs,
A Dutch Multinational's Miracle in Post-War Germany, in: Jahrbuch für Wirtschaftsgeschichte 2012/1, S. 15–41.
[4] Vgl. Werner Abelshauser, Die BASF seit der Neugründung 1952, in: ders. (Hrsg.),
Die BASF. Eine Unternehmensgeschichte, München 2002, S. 359–637, hier S. 573f.;
Susanne Hilger, American Consultants in the German Consumer Chemical Industry. The Work of the Stanford Research Institute at Henkel in the 1960s and
1970s, in: Entreprises et Histoire 25 (2000), S. 46–64.

Öffnung fester unternehmerischer Grenzen und damit einen fundamentalen Wandel der gesamten Unternehmensführung.

2. Eigenverantwortliche Manager und selbstbewusste Berater im Fusionsprozess

Neben den weit zurückreichenden Geschäftsverbindungen von VGF und AKU ging die Fusion 1969 insbesondere auf ein Memorandum vom Februar 1966 zurück, in dem der VGF-Vorstand aufgrund der internationalen Konkurrenzsituation auf dem Chemiefasermarkt und der dortigen Dominanz großer Chemieunternehmen den Vorschlag für eine intensivere Zusammenarbeit in der Rohstoffbeschaffung, der Produktion und dem Vertrieb unterbreitete. In der Rohstoffversorgung hatten VGF und AKU auf größere Investitionen verzichtet und sahen sich hierin Mitte der 1960er Jahre bestätigt, da anderenfalls entsprechende Mittel beim Ausbau des Chemiefaserbereichs gefehlt hätten. Überdies hatten die neuen Werke von BASF und Bayer in Antwerpen den Wettbewerb auf dem Markt für chemische Ausgangsstoffe erheblich verschärft. Traditionelle Lieferbeziehungen der VGF zur BASF sicherten ihr dort nicht nur Preisvorteile, das Management war zudem der Überzeugung, auf diese Weise deren Einstieg in die Faserproduktion verhindern zu können. Nachdem allerdings Verhandlungen über eine mögliche Beteiligung der BASF an VGF sowie über die Gründung einer gemeinsamen Gesellschaft gescheitert waren, musste das deutsch-holländische Duo 1967 die Beteiligung des Ludwigshafener Chemiekonzerns an der Hamburger Phrix AG, einem der größten westdeutschen Faserproduzenten, hinnehmen. Der Wettbewerb auf dem Chemiefasermarkt nahm damit weiter zu. Neue Produkte außerhalb des Chemiefasersektors sollten nach dem VGF-Memorandum in Zukunft streng zwischen AKU und VGF aufgeteilt und alle europäischen Untergesellschaften von einer einzigen Produktionsstätte beliefert werden. Umgekehrt erwartete die Unternehmensführung keine Vorteile aus der Zusammenlegung der Vertriebsgesellschaften; eine Verschmelzung derselben würde die Vertriebsorganisation nur schwerfälliger und eine adäquate Bearbeitung der Teilmärkte unmöglich machen. Die VGF-Manager fürchteten den Abriss innerdeutscher Geschäftsverbindungen nach einem Zusammenschluss mit einem holländischen Unternehmen und plädierten für die Fortsetzung einer eigenständigen Marketing- und Markenpolitik[5].

---

[5] Vgl. Abelshauser, Neugründung, S. 132–137.

Als entscheidend erwies sich schließlich eine Koinzidenz von politischen und ökonomischen Entwicklungen. Das in den Römischen Verträgen festgelegte Ziel eines gemeinsamen Markts sollte stufenweise bis Ende der 1960er Jahre erreicht werden und fiel zeitlich mit dem Absacken der ökonomischen Wachstumsraten in Europa zusammen. Schon vor der ersten Nachkriegsrezession in der Bundesrepublik 1966/67 hatte der AKU-Vorstandsvorsitzende Johannes Meynen eine Zusammenarbeit mit einem dritten Partner gefordert, um Schwankungen auf dem Chemiefasermarkt besser abfedern zu können. Gleichzeitig verloren nationalstaatliche Bezüge für das Management an Bedeutung:

„Die früheren nationalen Grenzen, die in einem gewissen Umfang zwanglos eine Arbeitsteilung nahelegten, verlieren marktmäßig – zumindest innerhalb der EWG – immer mehr an Gewicht. […] Zwischen AKU und Glanzstoff entsteht dadurch ein Konkurrenzverhältnis in früher ungekanntem Ausmass."[6]

Diese Einschätzung führte 1967 zur grundsätzlichen Entscheidung für eine Verschmelzung beider Unternehmen. Da auf europäischer Ebene noch keine rechtlich verbindliche Grundlage für grenzüberschreitende Unternehmensfusionen existierte, wurde der Zusammenschluss nach den jeweils national gültigen Vorschriften vollzogen. Die holländische AKU wurde im Frühjahr 1969 in eine Holding-Gesellschaft umgewandelt, der die Planung der zukünftigen Gesamtgruppe oblag. Ihre bisherigen niederländischen Produktionsbetriebe wurden der neu gegründeten Enka N.V. unterstellt, wohingegen die VGF mit ihren Tochter- und Untergesellschaften in ihrer rechtlichen Form unverändert blieb. Zugleich wurden die beiden Betriebsgesellschaften Enka und VGF über eine Personalunion auf Vorstandsebene eng miteinander verzahnt.

Während die vertraulichen Vorbereitungen zur Fusion von AKU und VGF erfolgreich verliefen, platzten parallele Versuche, das deutsch-holländische Duo mit der Chemiesparte des teilweise in Staatseigentum befindlichen Chemie- und Rohstoffunternehmens De Nederlandse Staatsmijnen zusammenzubringen. Obwohl die Verhandlungen unter dem Decknamen „Brize" schon weit fortgeschritten waren, scheiterten die Fusionspläne 1969 letztlich an politischen Widerständen in den Niederlanden. Damit war die geplante komplementäre Ergänzung der Unternehmensgruppe um einen dritten Partner zunächst zunichte gemacht worden. Erfolgreicher verlief hingegen das Übernahmevorhaben im Fall der KZO. Beide Seiten versprachen sich

---

[6] RWWA, 195-A2-53, Gedanken zur möglichen Zusammenarbeit zwischen AKU und Glanzstoff von Hornef und Karus vom 16.6.1967.

davon eine erhöhte Wettbewerbsfähigkeit gegenüber Konkurrenten auf dem Weltmarkt, verbesserte Zugangschancen zum Kapitalmarkt sowie eine Streuung des Risikos aufgrund eines breiteren Produktprofils. Mit der Verschmelzung zur Akzo in der zweiten Jahreshälfte 1969 wollten die Manager endgültig zur Weltspitze der Chemiekonzerne aufschließen[7].

Im Gegensatz zur AKU, die schon vor der Fusion 1969 Produktgruppen mit eigenständigen Produktions- und Verkaufsabteilungen eingerichtet hatte, war der VGF-Vorstand bis zu diesem Zeitpunkt rein funktional organisiert. Der Zusammenschluss wurde nun dazu genutzt, das bisherige Organisationsprinzip der Einzelgesellschaften zu überdenken. Auch wenn mit VGF und Enka zwei eigenständige Betriebsgesellschaften fortbestehen sollten, sahen die Manager in der von ihnen ausgegebenen gemeinsamen Leitungsmaxime die Notwendigkeit, die Organisationsstruktur zu vereinheitlichen. Grundsätzlich wurde das divisionale Prinzip grenzüberschreitend für beide Untergesellschaften maßgebend, sodass die Verantwortung für Entwicklung, Produktion, Verkauf und Rentabilitätskontrolle von nun an den einzelnen Produktbereichen – Fäden und Fasern, technische Garne, Kunststoffe – oblag. Allerdings blieben einige Verantwortlichkeiten funktional getrennt. Die Vorstandssitzungen von VGF und Enka fanden abwechselnd in Wuppertal und in Arnheim statt, ebenso wechselte der Vorsitz zwischen einem deutschen und einem niederländischen Vertreter.

Damit hatten sich die Chemiemanager eindeutig gegen Vorschläge der Beraterfirma McKinsey & Company gewandt, die bei der Vorbereitung der Fusion eingeschaltet worden war und sich für klare Leitungskompetenzen und die konsequente Durchsetzung einer divisionalen Organisation ausgesprochen hatte. Der Aufbau neuer ausländischer Produktionsstandorte und multinationaler Unternehmensformen – wie im Fall AKU/VGF – erhöhte die Komplexität unternehmerischer Entscheidungen. Zugleich verschärften sich die Kontingenzbedingungen in Anbetracht des Zerfalls des Währungssystems und der zunehmenden internationalen Konkurrenz. Dieses Zusammenspiel schuf neben der umfangreichen Flurbereinigung in der Chemiebranche 1969/70 einen kontinuierlich wachsenden Beratungsbedarf. McKinsey galt zu dieser Zeit als das weltweit bedeutendste Beratungsunternehmen, und AKU/VGF hatte offensichtlich den Anspruch, mit dem renommierten Marktführer zusammenzuarbeiten. Nur mit der Legitimität einer so etablierten Beratungsfirma war eine hohe Akzeptanz der Vorschläge innerhalb des Unternehmens zu erwarten.

---

[7] Vgl. Vaubel, Glanzstoff, S. 137–159.

Der Erfolg der Beratungsunternehmen basierte zu großen Teilen auf der Etablierung vertrauensvoller Kundenbeziehungen. So unterhielt der Deutschlandchef von McKinsey & Company, John G. McDonald, intensive Kontakte zu Hermann J. Abs, dem Vorstandssprecher der Deutschen Bank, Mitglied des BASF-Aufsichtsrats und langjährigen VGF-Aufsichtsratsvorsitzenden. Abs galt als Schlüsselfigur der deutschen Wirtschaft und konnte McDonald wertvolle Informationen und Kontakte vermitteln. Eine der bedeutendsten Innovationen, an deren Verbreitung die Berater unmittelbaren Anteil hatten, bildete die multidivisionale Unternehmensstruktur. Auf diese Weise spielte McKinsey bei der Dezentralisierung britischer, französischer und deutscher Firmen in den 1960er Jahren eine zentrale Rolle. So kam eine seitens der BASF in Auftrag gegebene Studie von McKinsey 1969 zu dem Ergebnis, die BASF verfüge nicht über die erforderlichen Managementstrukturen, um die gesetzten Wachstumsziele zu erreichen, und schlug eine neue Organisationsstruktur vor[8].

Im Fall der AKU/VGF-Fusion setzten die Chemiemanager jedoch entgegen den Empfehlungen einen Kompromiss zwischen funktionaler und divisionaler Führungsstruktur durch, woraufhin McKinsey noch vor Abschluss der Umstrukturierungen seinen Beratungsauftrag zurückgab. Formell waren im Dezember 1968 zwei Aufträge – von AKU und VGF – an McKinsey erteilt worden, um einen Vorschlag für die künftige Organisationsstruktur des neuen Konzerns auszuarbeiten. Die Kosten der beiden Aufträge trugen die beiden Betriebsgesellschaften gemeinsam, und die Ergebnisse wurden den Vorständen im Januar/Februar 1969 zunächst getrennt in Wuppertal und Arnheim vorgestellt[9]. Dabei nahmen die Manager die Vorschläge der Beratungsfirma dankbar auf, interpretierten sie aber weniger als konkreten Umbauplan denn als sinnvolle Diskussionsgrundlage. Bei einer Besprechung zwischen Klaas Soesbeek, Vorstandsvorsitzender der AKU, und Ernst Hellmut Vits brachte der Vorstandsvorsitzende der VGF dies auf den Punkt, indem er betonte, dass „manche Gesichtspunkte von McKinsey für

---

[8] Vgl. Abelshauser, Neugründung, S. 570–584; Michael Faust, Consultancies as Actors in Knowledge Arenas. Evidence from Germany, in: Matthias Kipping/Lars Engwall (Hrsg.), Management Consulting. Emergence and Dynamics of a Knowledge Industry, Oxford 2002, S. 146–163; Matthias Kipping, The U.S. Influence on the Evolution of Management Consultancies in Britain, France, and Germany Since 1945, in: Business and Economic History 25 (1996) 1, S. 112–123; Christopher D. McKenna, The World's Newest Profession. Management Consulting in the Twentieth Century, Cambridge 2006, S. 165–191.
[9] RWWA, 195-A2-38, Sonderprotokoll der gemeinsamen AKU/Glanzstoff-Vorstandsbesprechung vom 5. 12. 1968.

unsere Entscheidungen von Bedeutung seien, daß aber letzten Endes eine pragmatische Lösung zwischen Herrn Soesbeek und mir gefunden werden sollte"[10]. Die Implementierung externer Lösungsvorschläge galt in deutschen Unternehmensleitungen zu diesem Zeitpunkt noch als Novum, sodass sich die Vorstände ganz selbstverständlich gegen eine vollständige Übernahme der Beratungsideen aussprachen.

Sowohl die deutsche als auch die holländische Seite waren der Ansicht, die vorgestellten Pläne der Beratungsfirma seien zu stark an US-amerikanische Vorstellungen angelehnt, weshalb Soesbeek im Frühjahr persönlich in die USA reiste und McKinsey vorschlug, ein neues, den europäischen Gegebenheiten angepasstes Beratungsangebot mit abgeschwächter divisionaler Abgrenzung zu entwickeln. Doch McKinsey wollte sich nicht von seinem Kurs abbringen lassen und bestand auf einer Änderung der bereits ausgearbeiteten Fusionsverträge. Schließlich besaß der Leitgedanke einer multidivisionalen Organisationsstruktur in der Vorstellungswelt der US-Berater einen übergeordneten Gültigkeitsanspruch. Umgekehrt hielten Vits und Soesbeek an ihrer Position fest, die Verträge als gegeben anzusehen und weitere Umstrukturierungsvorschläge nur auf deren Basis zu erarbeiten. Obwohl das deutsch-holländische Management die Einschaltung einer Beratungsgesellschaft angeregt und damit die Grenzen der eigenen Organisationskompetenzen offengelegt hatte, waren beide Vorstände der Überzeugung, die Erfordernisse des neuen Konzerns besser zu kennen. Sie legten somit in weiten Teilen die Ergebnisse der Beratungsarbeit a priori fest. Zugleich waren autokratische Entscheidungen in einem mit ebenbürtigen Gegenspielern besetzten multinationalen Konzern wie AKU/VGF in der Zeit nach dem Boom nicht mehr durchsetzbar. Umgekehrt widersprach die vorherige Festlegung der Beratungsergebnisse dem Credo der McKinsey-Berater, die mit der Beendigung ihrer Arbeit drohten, sollten ihre Vorschläge nicht vollständig umgesetzt werden.

Aufgrund der wirtschaftlichen Erholung 1969 und der Überzeugung der AKU/VGF-Vorstände von ihrer eigenen Kompetenz, kamen Vits und Soesbeek zu dem Schluss, auf die Beratung durch McKinsey verzichten zu können. Auch im Fall der BASF wurde die Penetranz der Berater als Zumutung empfunden, weshalb McKinsey seine Tätigkeiten für die BASF Ende 1971 ebenfalls vorübergehend einstellen musste[11]. Der im Mai 1969 durch-

---

[10] RWWA, 195-A2-29, Notiz betr. Neuordnung der Beziehungen AKU/Glanzstoff vom 4.2.1969.
[11] Vgl. Abelshauser, Neugründung, S. 578; Vaubel, Glanzstoff, S. 160–166.

gesetzte Kompromiss zwischen divisionaler und funktionaler Führungsstruktur bei AKU/VGF und die spätere Erweiterung um die KZO-Gruppe
kamen somit ohne direkte Beratungshilfe zustande und demonstrierten
noch einmal das Selbstbewusstsein und Überlegenheitsgefühl der Chemiemanager gegenüber externem Wissen. Gleichwohl hatten diese durch die
Vergabe des Beratungsauftrags Defizite in der eigenen Konzernführung
zugegeben und hierdurch die Tür für ständige Beratungsarbeit weit auf-
gestoßen[12].

3. Der Durchbruch von Marktorientierung und externer Beratung: die Sanierung von Enka-Glanzstoff in den 1970er Jahren

Da der Ruf nach Beratern und ihrem Versprechen einer krisenfreien Zukunft gerade immer dann laut wurde, wenn diese als Vermittler schmerz-
hafter und dringend notwendiger Umstrukturierungen fungieren sollten,
griff auch der krisengeschüttelte Akzo-Konzern alsbald wieder auf Hilfe
von außen zurück. Vor dem Hintergrund der sich verdüsternden ökonomischen Aussichten veranlasste das VGF-Management für den deutschen
Chemiefaserbereich 1971 erste größere Rationalisierungsmaßnahmen. Obwohl der Akzo-Vorstand an die Stelle der Doppelstruktur mit wechselnden
Vorsitzenden bei Enka und VGF eine schlagkräftigere Führungsstruktur
mit einem Präsidenten setzen wollte, konnten sich die Führungsgremien
von Akzo, Enka und VGF zunächst weder auf die künftige Stellung der
beiden Betriebsgesellschaften im Konzern noch auf eine entsprechende Füh-
rungspersönlichkeit einigen. Der Akzo-Vorschlag zur Berufung von Dieter
Wendelstadt, seit 1969 Vorstandsvorsitzender der VGF-Tochter Kuag und
seit 1971 Mitglied im VGF-Vorstand, wurde von den übrigen VGF-Vor-
ständen nicht mitgetragen. „Die vorgesehenen Maßnahmen, insbesondere
die Art und Weise ihrer Durchführung, erwecken intern und extern den Eindruck des Versagens der Führung von Enka Glanzstoff (EG).“[13] Auch wenn
sich die Beteiligten darauf verständigten, Leendert Huibert Meerburg, den
stellvertretenden Vorstandsvorsitzenden der Akzo, vorübergehend und
informell das Amt des Präsidenten von Enka Glanzstoff zu übertragen – so
hießen seit 1972 beide Betriebsgesellschaften –, demonstrierte das Manage-

---

[12] Vgl. Luchien Karsten/Kees van Veen, Management Consultancies in the Nether-
lands in the 1950s and 1960s. Between Systematic Context and External Influences,
in: Kipping/Engwall (Hrsg.), Management Consulting, S. 52–69, hier S. 65.
[13] Vaubel, Glanzstoff, S. 183.

ment in Anbetracht der ökonomischen Lage ein hohes Maß an Uneinigkeit und Unentschlossenheit.

Die strukturellen Überkapazitäten im westeuropäischen Chemiefaser-bereich setzten den Akzo-Konzern als größten Faserproduzenten West-europas unter erheblichen Druck, und so beabsichtigte das Management mit dem Strukturplan 1972, die Produktion nicht linear zu reduzieren, sondern schrittweise Produktionsbetriebe in Breda, Wuppertal-Barmen, Zwijnaarde und Rorschach zu schließen. Damit aber drohte der Verlust von etwa 5700 Arbeitsplätzen. Der geplante Arbeitsplatzabbau rief Wider-stände in der Öffentlichkeit hervor und führte zu einer gemeinsamen Aktion der Gewerkschaften in den betroffenen Ländern sowie zur Einschaltung des Internationalen Chemie- und Fabrikarbeiterverbands. Mit der Besetzung der Fabrik im holländischen Breda erreichten die Proteste ihren Höhepunkt. Daraufhin nahm das Akzo-Management ohne Konsultationen mit dem EG-Vorstand den Strukturplan wieder zurück und provozierte damit einen erneuten Dissens zwischen den Führungsorganen, der im Rücktrittsangebot der gesamten EG-Spitze und des Akzo-Vorstandsvorsitzenden Gualtherus Kraijenhoff gipfelte. Dieses Vorgehen schädigte das Ansehen des Akzo-Kon-zerns weiter und verhinderte zugleich die Einleitung dringend erforderlicher Rationalisierungsmaßnahmen[14].

Die Schwierigkeiten auf Vorstandsebene, einen kompromissfähigen Lösungsvorschlag zu erarbeiten, brachten erneut die Beratungsgesellschaft McKinsey ins Spiel. Vor dem Akzo-Vorstand stellte Max Geldens von McKinsey 1975 die Trends der künftigen Marktentwicklung bis 1980 vor, die auf Zahlenmaterial aus dem Chemiesektor für die Jahre zwischen 1969 und 1973 beruhten. Dabei wurde zwischen vier Bereichen unterschieden: Faserprodukte mit glänzenden Geschäftsaussichten wie industrielle Polyester und Polyamide; profitable Produkte auf einem schrumpfenden Markt wie industrielles Rayon; Produkte in einer strukturellen Verlustposition wie Textil- und Rayon-Stapelfasern sowie Produkte mit günstigen Marktaus-sichten wie Acryl- und Polyester-Stapelfasern und industrieller Stahlkord, bei denen EG jedoch eine schwache Stellung hatte. Während Meerburg die Einschätzung McKinseys noch als zu optimistisch ansah und für eine rasche Umstrukturierung plädierte, sah der neue EG-Vorstandsvorsitzende Bendert Zevenbergen vor allem die eigenen Schlussfolgerungen bestätigt. Darin spie-gelte sich noch einmal das Überlegenheitsgefühl des EG-Vorstands wider. Zevenbergen vertrat die Ansicht, daß McKinsey nichts vorgestellt habe, was

[14] Vgl. ebenda, S. 184–188.

das Management nicht ohnehin schon wusste[15]. Im Unterschied zu einer Beurteilung der Geschäftslage aus dem Jahr 1970, als der damalige VGF-Vorstandsvorsitzende Ludwig Vaubel einseitig die Umsatzentwicklung verschiedener Textildivisionen herausgestellt hatte, rückte neben dem Markt, der schon in den frühen 1960er Jahren bei Glanzstoff durch Marktforschung und Marketing eine Aufwertung erfahren hatte, nun verstärkt die Frage der Rentabilität in den Vordergrund[16]. Die Umsatzfixiertheit des Managements war noch ein Überbleibsel aus glanzvollen Zeiten, aber diese Zahlen gaben im Unterschied zu Marktanteilen oder Umsatzrenditen keine verlässliche Auskunft über den unternehmerischen Erfolg. Obwohl Gewinn schon zuvor eine zentrale betriebswirtschaftliche Kennziffer gewesen war, stellte der EG-Vorstand mit Verwunderung fest:

„Von besonderer Bedeutung ist die durch die Marktstudie vermittelte Erkenntnis, daß die künftige Entwicklung des Chemiefasergeschäftes in hohem Maße von den Verkaufserlösen abhängt. In diesem Zusammenhang müssen wir darauf aufmerksam machen, daß solche Erlösschwankungen keinesfalls für alle Produkte parallel verlaufen."[17]

Die Marktstudie von McKinsey machte dem EG-Management somit deutlich, dass auch die langfristigen Strategieentscheidungen konsequent markt- und erlösorientiert getroffen werden mussten.

Angesichts der krisenhaften Situation des Konzerns nach dem ersten Ölpreisschock mussten die Manager die Ratschläge aus dem Hause McKinsey wesentlich ernster nehmen als die Vorschläge für eine divisionale Organisationsstruktur während der Fusionsverhandlungen 1968/69. Damit verhalfen die Berater nicht nur der Marktorientierung im Akzo- beziehungsweise EG-Vorstand endgültig zum Durchbruch, sie machten sich auch selbst als externe Marktanalysten und Organisationsberater dauerhaft nahezu unverzichtbar. Die Beobachtung und Einschätzung der Marktlage sowie daraus abgeleitete, strategische Rückschlüsse für die Unternehmensausrichtung – genuine Aufgaben des Managements – waren damit außerhalb des Vorstands angesiedelt. Der EG-Vorstand stellte sich im Juli 1975 öffentlich hinter die Vorschläge

---

[15] RWWA, 195-A6-22, Personal Notes of the Secretary of the Meeting of the Supervisory Council and the Board of Management of Akzo N.V., 17.7.1975; 195-A6-23, Personal Notes of the Meeting of the *Gemachtigde Commissarissen*, 24.6.1975.
[16] Vgl. Christian Kleinschmidt, Der produktive Blick. Wahrnehmung amerikanischer und japanischer Management- und Produktionsmethoden durch deutsche Unternehmer 1950–1985, Berlin 2002, S. 227–233; RWWA, 195-A6-23, Sitzung der Akzo *Gemachtigden*, 11.8.1970: Referat von Herrn Dr. Vaubel.
[17] Erklärung des Enka Glanzstoff-Vorstandes zu der Marktstudie von McKinsey, in: informiert 35 (1975) 9, S. 1f. (RWWA, 195-B0-59).

von McKinsey und provozierte damit erwartungsgemäß heftigen Widerstand der Arbeitnehmer. Doch gerade hierauf zielte die McKinsey-Studie ab, wie der spätere Vorstandsvorsitzende der Enka-Gruppe, Hans Günther Zempelin, in einem Interview bestätigte. Da der Strukturplan 1972 am öffentlich-gewerkschaftlichen Druck gescheitert war, stützte sich das Management nun auf ein vermeintlich objektives Gutachten als Grundlage für neue Verhandlungen.

Die Gewerkschaften schätzten die Marktchancen in einigen Faserbereichen hingegen vollkommen anders ein. In dieser konfrontativen Konstellation entschied sich der deutsche EG-Vorstand, der Kosteneinsparungen von durchschnittlich 300 Millionen DM pro Jahr bis 1978 erreichen wollte, keine Verhandlungen mit internationalen Gewerkschaftsvertretern aufzunehmen, denen er vorwarf, Akzo zum Testfall für eine neue Form internationaler Gewerkschaftsverhandlungen zu machen. Der Vorstand zog sich auf das Betriebsverfassungsgesetz zurück, wonach eine Übertragung der Betriebsratsbefugnisse auf ein internationales Gremium nicht zulässig sei[18]. Der holländische und der deutsche Betriebsrat zeigten aufgrund eines Verlusts der EG-Gruppe von 488 Millionen DM im Jahr 1975 größere Kompromissbereitschaft als die Gewerkschaftsvertreter. Nachdem der Betriebsrat in den Niederlanden der Schließung eines Werks in Arnheim und weiteren Kürzungen zugestimmt hatte, einigten sich der deutsche EG-Vorstand und der Gesamtbetriebsrat im Februar 1976 auf einen Interessenausgleich und einen Sozialplan, um den Wegfall von etwa 900 Arbeitsplätzen zu kompensieren[19].

Trotz dieser Maßnahmen hatte der Strukturwandel den Akzo-Konzern fest im Griff, sodass 1976/77 weitere Faserfabriken geschlossen und neue Umstrukturierungen angestoßen wurden. Abermals war die gutachterliche Expertise von McKinsey gefragt, deren neue Portfolio-Studie auf eine Renditeangleichung aller Divisionen drängte. Dadurch wurde die Messlatte für die Fasersparte nochmals höher gelegt. Am Ende dieser Entwicklung stand die Bildung der Enka-Gruppe, unter deren Dach die verbliebenen Chemiefaserinteressen des Unternehmens gebündelt wurden. Damit verabschiedete sich der Akzo-Konzern endgültig von der nationalen Trennung im Faser-

---

[18] RWWA, 195-B0-58, deutsche Übersetzung des Aktionärsbriefs vom 24. 11. 1975; 195-B0-59, Gefährdet Gewerkschafts-Strategie Arbeitsplätze? Enka Glanzstoff tief in roten Zahlen vom 25. 10. 1975, und Presseerklärung des EG-Vorstands vom 23. 10. 1975.

[19] RWWA, 195-B0-59, Interessenausgleich und Sozialplan vom 6. 2. 1976; vgl. auch Vaubel, Glanzstoff, S. 189 ff.

bereich. Die Enka-Gruppe konzentrierte ihre Kompetenzen in Wuppertal und reduzierte ihre Kapazitäten bei unrentablen Produktlinien. In Verbindung mit dem europaweiten Abbau von Faserkapazitäten im Rahmen des Strukturkrisenkartells und der ökonomischen Erholung in den 1980er Jahren verbesserte sich auch das Enka-Betriebsergebnis wieder und untermauerte damit die Empfehlungen des Beratungsunternehmens[20].

4. Fazit

Auch wenn in Europa seit den 1920er Jahren Beratungsinstitute existierten, bedeutete die Expansion amerikanischer Beratungsfirmen in den 1960er Jahren eine qualitative Herausforderung für die europäischen Unternehmens- und Führungsmodelle. Während Unternehmensberater bis Anfang der 1970er Jahre aus deutschen Vorstandsetagen herausgehalten wurden, da deren Konsultationen als Zeichen eigener Schwäche und fehlender Kompetenz interpretiert wurden, entriegelte das Management nun den Zugang zu den Konzernzentralen und löste damit einen fundamentalen Wandel auf der Führungsebene aus. Die Manager offenbarten hierdurch ihre fehlenden Möglichkeiten, eigene Ideen durchzusetzen. Dabei gingen sie zunächst noch von der Überlegenheit unternehmensinterner Konzepte aus, denn schließlich verfügten die Berater in ihren Augen über keinerlei technisches Wissen, das zur Produktion industrieller Güter unabdingbar war. Die – am Markt teuer erkaufte – Beratung des Leitungspersonals als neuer, genuiner Bestandteil unternehmerischer Zusatzleistungen wurde einerseits notwendig, da das Management aufgrund komplexerer Umweltbedingungen die ihm zugeordneten Aufgaben nicht mehr bewältigen konnte, nach außen aber weiter die Fiktion von Entscheidungssicherheit aufrechterhalten wollte, andererseits weil die von der Unternehmensführung erkannten Einschnitte schlichtweg nicht gegen den Widerstand bestimmter Unternehmensakteure durchzusetzen waren und des vermeintlich legitimen Anstrichs externer Experten bedurften[21]. Die nachträgliche Verwirklichung des von den Gewerk-

---

[20] Vgl. Geschäftsbericht der Enka Glanzstoff AG 1976, S. 14ff. und 1977, S. 7; Geschäftsbericht Akzo 1977, S. 6f.; Harm G. Schröter, Kartelle als Kriseninstrumente in Europa nach 1970. Das Beispiel des europäischen Chemiefaserkartells, in: Jahrbuch für Wirtschaftsgeschichte 2012/1, S. 87–102; Akzo fasst Chemiefaser-Unternehmen zusammen, in: Information für die Führungskräfte 4/1977, sowie Das Zukunftsbild von Enka Glanzstoff, in: Information für die Führungskräfte 6/1977 (RWWA, 195-B0-58); 195-B0-59, Zempelin an Vaubel vom 2. 2. 1976.

[21] Vgl. Alfred Kieser, Managers as Marionettes? Using Fashion Theories to Explain the Success of Consultancies, in: Kipping/Engwall (Hrsg.), Management Consulting,

schaften abgewehrten Strukturplans 1972 beim Akzo-Konzern mit Hilfe von McKinsey ist typisch für diese spezifische Form der Interessendurchsetzung.

Zugleich umgab Divisionalisierung zu dieser Zeit die Aura des Erfolgs, an dem die europäischen Unternehmen mit einiger Verspätung ebenfalls partizipieren wollten. Neben dem Akzo-Konzern legten auch die BASF, Bayer und Hoechst ihre funktionale Aufgabentrennung zugunsten einer divisionalen Unternehmensstruktur ab. Einflussreiche US-Beratungsgesellschaften wie McKinsey wurden hierbei zu integralen Institutionen bei der Transmission unternehmerischer Organisationsmodelle und trieben Divisionalisierung und Marktorientierung wesentlich voran. Der Einzug externen Beratungswissens war somit ein breiter Prozess, der nach dem Boom nahezu alle Großunternehmen erfasste. Dass es sich bei dem Beratungsunternehmen im Fall AKU/VGF um McKinsey handelte, ist nicht nur typisch für die deutsche Industrie insgesamt, sondern spiegelte auch den Anspruch des Chemiekonzerns wider, mit dem führenden US-Institut zusammenarbeiten zu wollen. Über den Weg der Beratung wurde nun die innerbetriebliche Unternehmensstruktur umgebaut. Zugleich – und noch bedeutender – bewirkte die dauerhafte Präsenz der Beratungsgesellschaften die Aufweichung bisheriger Unternehmensgrenzen. Die vollständige Orientierung aller Unternehmensbereiche auf den Markt fand seine Entsprechung in der Marktöffnung des Managements selbst, das nun dazu überging, Wissen und Lösungsvorschläge von außen zu erwerben, und damit externen Experten ohne Eigentumsrechte erheblichen Einfluss auf unternehmerische Entscheidungen einräumte, sodass die bisherigen bürokratischen Verfahren und Hierarchien westeuropäischer Großunternehmen an Kontur verloren.

S. 167–183; Werner Plumpe, Nützliche Fiktionen? Der Wandel der Unternehmen und die Literatur der Berater, in: Morten Reitmayer/Ruth Rosenberger (Hrsg.), Unternehmen am Ende des „goldenen Zeitalters". Die 1970er Jahre in unternehmens- und wirtschaftshistorischer Perspektive, Essen 2008, S. 251–269.

ISBN 978-3-486-71870-6

Zeitgeschichte im Gespräch, Bd. 15

Wirkten die wirtschaftlichen und politische
Bundesrepubli⁻ zu Libyen systemstabilisier⁻

Seit 1969 intensivierte die Bundesrepublik i
aber auch ihre politischen Beziehungen zu I
Herrschaft von Muammar al-Gaddafi. Tim S⁻
deutsch-libysche Verhältnis während der Ka
Brandt und Helmut Schmidt. Der Autor geh
welche Motive so schwer wogen, dass die so⁻
Menschenrechtsverletzungen und die offen
Libyens in der⁻ internationalen Terrorismus
man dies hätte erwarten können. Auf der Ba
ter Akten des Auswärtigen Amts kann heute⁻
Antwort gegeben werden.

Tim Szatkowski, geboren 197€
wissenschaftlicher Mitarbeite
Institut für Zeitgeschichte M⁻
bei der Edition »Akten zur Au
der Bundesrepublik Deutschl⁻

Bestellen Sie in Ihrer Fachbuchhandlung
oder direkt bei ur⁻s⁻ Tel: 0521/9719-323
Fax: 0521/9719-137 | oldenbourg@cvk.de   ww⁻

Tobias Gerstung
Europa an der Waterfront
Die Umgestaltung alter Hafenareale am Beispiel des Glasgower Broomielaw Kais

1. Bauboom am Wasser

Die HafenCity Hamburg, das *Museum aan de Stroom* in Antwerpen oder das Guggenheimmuseum in Bilbao – drei Projekte der jüngeren Geschichte des Städtebaus, die eines gemeinsam haben: Sie entstanden an Flussufern auf alten Hafen- und Werftarealen. Dass man viele solcher Leuchtturmprojekte in den letzten 20 Jahren in Angriff genommen hat, ist kein Zufall, sondern eine Folge jener tiefgreifenden Prozesse, welche die Struktur traditioneller Industrie- und Hafenstädte nach dem Boom grundlegend verändert haben.

Glasgow, das war einst die *Second City of the Empire*, der *Workshop of the World*. Bis in die 1960er Jahre hinein schlug hier das ökonomische Herz eines schwerindustriellen Clusters, der sich am ehesten mit dem Nordosten Englands oder dem Ruhrgebiet vergleichen lässt. Die Stadt verdankte ihre rasche Expansion im Laufe des 19. Jahrhunderts zunächst den Baumwoll- und Zuckerimporten aus den Kolonien, dann gewannen lokale Kohle- und Eisenvorkommen an Bedeutung. Auf dieser Grundlage erwuchs eine stark vernetzte, exportorientierte Industrieregion, in deren Mittelpunkt die Werften und der Maschinenbau standen. Der Hafen, der seit dem Tabakhandel des 18. Jahrhunderts neben Liverpool und London zu den wichtigsten Umschlagplätzen des Vereinigten Königreiches zählte, expandierte bis in die Zwischenkriegsjahre, ehe er nach dem Zweiten Weltkrieg rasch an Bedeutung verlor.

Die Umgestaltung des Broomielaw Kais in Glasgow gehört zu den eher unbekannten Projekten europäischer Stadterneuerung. Dennoch eignet sich seine Geschichte, um dem Phänomen der Flächenkonversionen an der europäischen *Waterfront* nachzugehen. Die räumlich-strukturellen Konsequenzen des Wandels einer Industrie- und Hafenstadt zum Dienstleistungszentrum können mit Hilfe dieses Beispiels in den Blick genommen werden. In den einschlägigen Debatten tauchen immer wieder Begriffe wie „Wiedergeburt" oder „Renaissance" auf. Dem Narrativ, das sich daraus ergab, möchte ich im Folgenden – bezogen auf die Erneuerung alter Hafenareale – nachspüren. Im ersten Teil soll die Geschichte des Glasgower Hafens und des Broomielaw Kais skizziert werden. Der zweite Teil befasst sich mit der Frage, warum der Hafen seit den 1960er Jahren aus dem Stadtbild verschwand. Im dritten Teil geht es schließlich um die Umgestaltung des Kais und der angrenzenden Areale zum *International Finance and Service District* (IFSD)[1].

2. Die Geschichte des Glasgower Hafens und des Broomielaw Kais

„For nearly 130 years the Broomielaw has been a centre of passenger steam traffic, and its quays are haunted by the ghosts of hundreds of vessels, from the ‚Comet‘ onward, on which five generations of Glasgow holidaymakers have fared down to the sea."[2]

Dieses Zitat aus einem Stadtführer von 1938 beschreibt den Broomielaw als einen Erinnerungsort der Glasgower Stadtgesellschaft. Tatsächlich bildete der unterhalb der Glasgow Bridge am Nordufer des Flusses Clyde gelegene Kai, der bereits 1660 befestigt worden war, den Ausgangspunkt für die Entstehung des Hafens[3]. Die Anlegestelle lag nur wenige Gehminuten vom Zentrum Glasgows entfernt. Damals mäanderte der Fluss auf den rund zwanzig Kilometern, die er vom Broomielaw zurückzulegen hat, ehe er sich kurz vor Dumbarton zu einem breiten Fjord öffnet, durch ein weites Bett voller Sandbänke, Inseln und Untiefen. Selbst bei Flut und günstigen Winden konnten nur kleine Lastkähne den neuen Hafen anlaufen. Der eigentliche Glasgower Hafen lag in Wirklichkeit viele Meilen westlich der Stadt, in den Küstenorten Ayrshires oder des Firth of Clyde. Von dort mussten die Waren mühsam über Land in die Stadt transportiert werden. Mit der Zunahme des Handels begannen im letzten Drittel des 18. Jahrhunderts der Ausbau und die Vertiefung des Clyde. Im Laufe des 19. Jahrhunderts entstand so eine betriebsame Wasserstraße, der Handel wanderte zunehmend flussaufwärts, und erst jetzt wurde Glasgow tatsächlich eine Hafenstadt.

Entscheidend für den Erfolg des Stadthafens war der Siegeszug der Dampfschiffe. Erst die Dampfmaschine brachte die Unabhängigkeit von Wind und Strömung, sodass die Fahrt flussaufwärts nach Glasgow bald zur

[1] Zur Geschichte Glasgows existieren zwei Standardwerke: Irene Maver, Glasgow, Edinburgh 2000; Andrew Gibb, Glasgow. The making of a city, London 1983.
[2] William Power, The face of Glasgow, Glasgow 1938, S. 45.
[3] Zur Geschichte des Glasgower Hafens vgl. John Riddel, The Clyde. The making of a river, Edinburgh 2000.

Routine wurde. Daniel Bell richtete 1812 mit seiner *Comet* auf dem Clyde die erste kommerziell erfolgreiche Dampfschifffahrtslinie der Welt ein, und bald war der Broomielaw Ziel- und Ausgangspunkt zahlreicher Linien. Darum und weil das Industrierevier rund um Glasgow immer schneller wuchs, reichten die bestehenden Umschlagkapazitäten bald nicht mehr aus. Flussabwärts und am gegenüberliegenden Südufer entstanden weitere Kais. Ab den 1860er Jahren erfolgte der Ausbau verstärkt in Form großer Dockanlagen wie dem Kingston, dem Queen's, dem Prince's und schließlich dem King George V. Dock. Der Verkehr nahm weiter zu. 1876 war in der „Illustrated London News" über die Betriebsamkeit am Clyde Folgendes zu lesen:

„At the Broomielaw and other walled quays, there is an incessant bustle of arriving and departing steamships for America and the Indies, the Mediterranean, or the ports of England, Ireland, and Scotland, leaving this harbour more than ten thousand times in the year, where in the old time an idle man could stand with his rod and line, angling for dace or gudgeon, through a long summer day."[4]

Der Ausbau brachte eine immer stärkere Spezialisierung und Arbeitsteilung zwischen den einzelnen Kais und Docks mit sich. Aufgrund seiner Lage im Herzen der Stadt und besonders nach der Eröffnung der benachbarten *Central Station* 1879 wurde der Broomielaw zu einem Knotenpunkt des regionalen und überregionalen Personenverkehrs. Zahlreiche Dampfer fuhren von hier die schottische und englische Küste entlang oder hinüber nach Irland. Umgekehrt betraten tausende irische Einwanderer am Broomielaw in der Hoffnung auf Lohn und Brot schottischen Boden. Für die Glasgower begann hier häufig ein Ausflug *doon the water* in die Badeorte der schottischen Riviera, nach Dunoon, Rothesay oder Helensburgh.

3. Die Reorganisation des Glasgower Hafens in den 1960er Jahren

Zwar verlor der Broomielaw mit den zunehmenden Schiffsgrößen in der ersten Hälfte des 20. Jahrhunderts an Bedeutung, er blieb jedoch als Ableger für die Personen- und Küstenschifffahrt bis in die 1950er Jahre hinein erhalten. Die folgenden Jahrzehnte sahen dann Niedergang und Schließung. In erster Linie waren es wohl die Konkurrenz durch den zunehmenden Automobil- und LKW-Verkehr sowie sinkende Preise für Flugreisen, die für einen Einbruch bei den Fahrgastzahlen sorgten; immer weniger Menschen

---

[4] Illustrated London News vom 2.9.1876: „The progress of Glasgow".

waren auf die Küstenschifffahrt angewiesen. Der wachsende Wohlstand der Boomjahre und steigende Urlaubsansprüche veränderten das Konsum- und Freizeitverhalten. Reisen führten nun immer häufiger ins Ausland anstatt zu Zielen vor der eigenen Haustür.

Der Automobilverkehr brachte noch ein weiteres Problem mit sich. Nach dem Leitbild der autogerechten Stadt wurde 1965 ein ambitioniertes Verkehrsprojekt ins Werk gesetzt, das unter anderem den Bau eines Autobahnrings rund um das Stadtzentrum vorsah[5]. Zwar wurden letztlich nur die West- und die Nordroute realisiert, die *Inner Ring Road* veränderte jedoch die stadträumlichen Beziehungen grundlegend. Sie schlug eine breite Schneise durch das bis dahin viktorianisch geprägte Stadtbild und durchschnitt bestehende Verbindungen. Zwischen Springfield und Anderston Kai entstand eine 10-spurige Brücke. Im Zuge der Planung dieses Bauwerks waren Stadt und *Clyde Navigation Trust* bereits Ende der 1950er Jahre übereingekommen, die Hafenanlagen oberhalb der Überquerung zu schließen[6]. Der Baubeginn 1966 brachte das Aus für das Kingston Dock, und bald wurde der Hafenbetrieb auch am Broomilaw Kai eingestellt.

Die 1960er Jahren markierten für den ganzen Hafen eine Zeit des Umbruchs. Seit dem 18. Jahrhundert war der Warenumschlag von den Häfen am Firth of Clyde flussaufwärts in Richtung Glasgow gewandert; jetzt kehrte sich diese Entwicklung in rasantem Tempo um. Zum einen mieden die Ozeanriesen zunehmend die enge Flusspassage und nutzten stattdessen die Häfen an der Mündung. Zum anderen setzte sich in den späten 1960er Jahren der genormte Container weltweit durch. Die Logistik auf dem und am Wasser veränderte sich grundlegend. Traditionell waren die von der Landseite angelieferten Güter für den Seetransport aufwendig von Hand umverpackt und gruppiert worden. Diese Aufgabe hatten zahlreiche Hafenarbeiter in dafür vorgesehenen Schuppen und Lagerhallen vorgenommen, die das Bild der Hafenstädte weltweit prägten. Mit der Durchsetzung des Containers entfiel ein Großteil der alten Tätigkeiten. Personal, Zeit und Geld konnten eingespart werden. Der Transportpreis wurde bei gleichzeitig steigenden Schiffsgrößen zur vernachlässigbaren Größe. Dies ermöglichte eine neue Form der internationalen Arbeitsteilung, die heute allgemein als Globa-

---

[5] Die Pläne reichten bis 1945 zurück; vgl. Robert Bruce, First Planning Report to the Highways and Planning Committee of the Corporation of the City of Glasgow, Glasgow 1945; The Corporation of the City of Glasgow, Report on a highway plan for Glasgow, Glasgow 1965.

[6] Vgl. The Corporation of the City of Glasgow, The First Quinquennial Review of the Development Plan 1960, Glasgow 1960, § 13, 47.

lisierung bezeichnet wird. Bereits in den Augen vieler Zeitgenossen hatte diese Entwicklung revolutionäres Potential[7].

Was der Container allerdings benötigte war Platz, genauer große ebene Freiflächen zum Abstellen und Sortieren sowie für den Anschluss an Straße und Schiene. Die älteren Hafenareale waren dicht mit Waren- und Lagerhäusern bebaut und zudem von Industriebetrieben umgeben. Die neuen Terminals entstanden deshalb meist auf der „grünen Wiese". Um den stetig wachsenden Schiffsgrößen Rechnung zu tragen, entschied man sich, wenn möglich, für einen Standort mit Tiefwasserzugang. Im Falle Glasgows fiel 1966 die Entscheidung für den Standort Greenock an der Mündung des Clyde. Nach der Eröffnung der neuen Anlagen am 26. Mai 1969 wurden schrittweise weite Teile des Glasgower Hafens geschlossen, bis zu Beginn der 1980er Jahre, nur noch das King George V.'s und das Rothesay Dock, sowie ein paar Kaianlagen übrig waren. Der Seehafen war nach etwa 150 Jahren wieder dorthin zurückgekehrt, wo er sich vor dem Ausbau des Clyde befunden hatte.

Der Niedergang war aber auch eine Folge tiefergreifender sozio-ökonomischer Prozesse, die den Glasgower Hafen seines traditionellen Hinterlands beraubten. Das westschottische Industrierevier, dessen Reichtum auf den zahlreichen Werften, der Stahlindustrie, dem Bau von Lokomotiven und Wagons sowie auf dem Maschinenbau beruht hatte, erlebte das, was Zeitgenossen als De-Industrialisierung bezeichneten: Betriebe schlossen, Menschen wurden arbeitslos, ganze Industriezweige verschwanden aus dem urbanen und regionalen Produktionszusammenhang. Noch in der Zwischenkriegszeit brach der Kohlebergbau ein. Die Konkurrenz durch andere Energieträger und die Erschöpfung oberflächennaher Vorkommen hatten den Abbau unrentabel werden lassen. Als nächstes folgte der Schiffbau, bald waren weite Teile der Zulieferindustrie und des Maschinenbaus und schließlich auch die Stahlindustrie betroffen. Die Dynamik, mit der diese Entwicklung gerade die altindustriellen Gebiete Westeuropas erfasste, war eine Folge der vielfältigen Interdependenzen, auf denen zuvor der Erfolg dieser Regionen beruht hatte[8]. Für den Hafen bedeutete das, dass die Roh-

[7] Etwa wenn anlässlich der Eröffnung des Containerterminals Greenock im „Glasgow Herald" von „Revolution" die Rede war: Glasgow Herald vom 27.6.1969: „Whiskey launched the service". Vgl. auch Marc Levision, The box. How the shipping container made the world smaller and the world economy bigger, Princeton/Oxford 2006; Brian J. Cudahy, Box boats. How container ships changed the world, New York 2006.
[8] Vgl. Rainer Schulze (Hrsg.), Industrieregionen im Umbruch. Historische Voraussetzungen und Verlaufsmuster des regionalen Strukturwandels im europäischen Vergleich, Essen 1993.

Abb. 1: Der Broomielaw 1969. Der Fluss ist von dem Schuppen im Vordergrund verdeckt. Links parken Autos an Stelle der alten Lagerschuppen, dahinter erstreckt sich das Hafenviertel. Rechts ist der Turm des Clyde Navigation Trust Gebäudes zu erkennen (Quelle: Royal Commission on the Ancient and Historical Monuments of Scotland)

stoffimporte ebenso zurückgingen wie die Fertigwarenexporte. Er schrumpfte sowohl mit Blick auf die Umschlagszahlen als auch was seine räumliche Ausdehnung anbelangte. Zurück blieben verwaiste Kais und Docks, die sich wie die aufgegebenen Werft- und Industrieanlagen als düstere Menetekel entlang des Flusses ausbreiteten. Sie kündeten von hoher Arbeitslosigkeit und sozialen Konflikten, von wirtschaftlichem Niedergang und Krise. Die Zukunft der Stadt und der Region schien ungewisser als je zuvor. „What future for the Clyde?" fragte 1968 der Journalist David Stark besorgt im „Glasgow Herald" und brachte damit eine weit verbreitete Unsicherheit zum Ausdruck[9].

4. Niemandsland in Entwicklerhand

Die Hafenbehörde *Clyde Port Authority* (CPA) hatte bald eine wachsende Zahl von Brachen zu verwalten. In den späten 1960er und 1970er Jahren bot sie der Stadt einige dieser scheinbar nutzlosen Flächen zum Kauf an,

[9] Glasgow Herald vom 19. 3. 1968: „What future for the Clyde?"

und die Kommune griff zu. Was aber sollte mit diesen Brachlandschaften geschehen? Um diese Frage zu klären, wurde zu Beginn der 1970er Jahre ein städtebaulicher Wettbewerb ausgeschrieben[10]. Drei Meilen Kaianlagen, dazu das Prince's und Queen's Dock und einen flussnahen Teil der Innenstadt galt es zu gestalten. Die Planer konzentrierten sich zunächst auf die beiden großen, einander gegenüberliegenden Dockanlagen. Dort, so schien es, ließe sich Großes verwirklichen. Büro- und Wohnbauten, ein neuer Innenstadtpark oder gar Sportstätten für Olympia 1984[11]? Die Jury wählte aus den eingereichten Beiträgen drei Siegerentwürfe aus – und unternahm erst einmal nichts. Dieses Zögern lag einerseits daran, dass ein Teil der Grundstücke im Wettbewerbsgebiet nicht der Stadt, sondern der Hafenbehörde gehörte und dass andererseits das Geld für große Vorhaben fehlte.

Die zweite Karriere des Broomielaw begann ganz prosaisch. Die Nähe zum kommerziellen Zentrum der Stadt und zum Zentralbahnhof ließ es naheliegend erscheinen, hier Platz für die immer zahlreicheren PKW zu schaffen. Gleichzeitig machte man sich im Stadtplanungsamt Gedanken, wie die Kaianlagen genutzt werden könnten. Als erste geplante Umgestaltungsmaßnahme wurde 1975 der Custom House Kai in einen Park verwandelt. Spazierwege, ein Amphitheater und ein Restaurant sollten die Menschen zum Verweilen am Wasser einladen[12]. Ein Jahr später erhielt diese Uferpromenade am benachbarten Broomielaw ihre Fortsetzung als Teil eines größeren Entwurfs für einen Fuß- und Radweg entlang des Clyde mit Spielplätzen, Sport- und Grünanlagen[13]. Aus einem Parkplatz wurde ein bewusst gestalteter öffentlicher Raum, und das blieb für längere Zeit so.

Andere Hafenbrachen standen wesentlich früher im Mittelpunkt des öffentlichen Interesses. An Stelle des ehemaligen Queen's Dock entstand das *Scottish Exhibition and Conference Centre* (SECC), das 1985 eröffnet werden konnte. Treibende Kraft hinter diesem Projekt war die *Scottish Development Agency* (SDA), eine unabhängige, aber staatlich finanzierte Entwick-

---

[10] Vgl. The Architects Journal vom 17. 2. 1973: „A remarkable chance for Glasgow".

[11] Dies sah einer der Siegerentwürfe vor. Die beiden anderen planten den Bau von Wohnungen und Büros; vgl. Glasgow Herald vom 5. 4. 1974: „Clyde development contest winners" (Claude Thomson). Ironischerweise wird sich 2014 der Traum von den Sportstätten am Wasser erfüllen, wenn auf dem ehemaligen Queen's Dock das SECC und die neu erbaute Sportarena Hydro im Zentrum der *Commonwealth Games* stehen werden.

[12] Die einzelnen Elemente lassen sich heute nur noch erahnen; GA, D/IB51, Corporation of the City of Glasgow, Custom House Quay redevelopment.

[13] Vgl. Corporation of the City of Glasgow, Planning policy report on the central area, Glasgow 1975, S. 61.

lungs- und Beteiligungsgesellschaft. Sie war zeitgleich mit der Verwaltungs-
reform von 1975 entstanden, welche die Rechte der Kommunen beschränkte
und die Region als zusätzliche Verwaltungsebene schuf[14]. Die SDA und der
Strathclyde Regional Council (SRC) spielten in der Folge für die zahlreichen
Erneuerungsprojekte in und um Glasgow eine entscheidende Rolle. Nicht
selten kam es zwischen Stadt, Region und Entwicklungsgesellschaft zum
Streit um Zuständigkeiten.

Das SECC war ein Projekt der öffentlichen Hand, und seine Finanzierung
erfolgte weitgehend aus öffentlichen Mitteln. Margaret Thatchers *Secretary
of State for Scotland*, George Younger, hatte seine Unterstützung jedoch an
die Bedingung geknüpft, dass sich die Privatwirtschaft im Rahmen einer
Public-Private-Partnership an dem Projekt beteiligen müsse[15]. Schließlich
sollte der Tagungs-und Ausstellungskomplex zu einem Schaufenster der
schottischen Industrie werden und Export und Konsum fördern. Tatsächlich
stammte am Ende etwa ein Fünftel der Investitionen von Unternehmen,
die dafür mit Anteilen an der Betreibergesellschaft entlohnt wurden. Ein
Imageprospekt der SDA, der eine Zeichnung des Zentrums im Morgenlicht
zeigte, versprach: „A new era dawns in the business world."[16]

Auch das gegenüberliegende Prince's Dock erwachte bald zu neuem
Leben. Drei Jahre nach Eröffnung des SECC fand hier das *Glasgow Garden
Festival* statt, das dritte seiner Art nach Liverpool und Stoke-on-Trent. Deutschen und holländischen Vorbildern folgend hatte die Thatcher-Regierung
das Gartenschau-Konzept 1982 aufgegriffen und zu einem Instrument
gemacht, um Industriebrachen für den privaten Immobilienmarkt wieder
attraktiv zu machen[17]. Im Falle Glasgows entstand eine Mischung aus Garten-
architektur, Kunstausstellung sowie einem Erlebnis- und Freizeitpark. Weit-
hin sichtbar waren die Achterbahn und der in Reminiszenz an die *Empire
Exhibition* von 1938 errichtete Clydesdale Bank Anniversary Tower. Die in
den 1960er Jahren außer Dienst gestellten Straßenbahnen fuhren Besucher
über das Gelände.

Das Festival schloss an eine Reihe von Initiativen an, die Glasgow für
Investoren, Touristen und potentielle Neubürger interessant machen sollten.

---

[14] Zur Geschichte der SDA vgl. Richard J. Finlay, Modern Scotland 1914–2000, London 2004, S. 333f.
[15] Dies geht unter anderem aus einer Tischvorlage hervor, die für eine Sitzung des
Policy & Resources Committee des SRC am 16. 9. 1982 erstellt wurde; NAS, SR1/2/68.
[16] Zu finden in: NAS, SDA21/4/6.
[17] Vgl. Andrew C. Theokas, Grounds for review. The Garden Festival in urban planning and design, Liverpool 2004.

Zuvor hatte schon die Imagekampagne *Glasgow's miles better* große Bekannt-
heit erlangt[18]. Die SDA, die beim *Garden Festival* erneut die Führung übernahm, brachte dies in ihrem Jahresbericht 1985 folgendermaßen auf den
Punkt:

> „The Glasgow Garden Festival provides a unique opportunity to bring to wider notice
> the changes which have been made in Glasgow, now the UK's most successful post-
> industrial city, and to assist in its development as an attractive centre of tourism, leisure
> and investment."[19]

Es ging den Verantwortlichen also darum, Wandel sichtbar zu machen,
ihn für ein größeres Publikum in Szene zu setzen, auch wenn er erst begonnen hatte und der Ausgang ungewiss war. Erzählt werden sollte das
Erfolgsnarrativ einer Transformation von der Industrie- zur post-industriellen Stadt. Der Begriff der post-industriellen Stadt, wie er hier zur Anwendung
kommt, ist nicht als sozialwissenschaftlicher Fachbegriff zu verstehen. Arm
an Semantik dient er vielmehr als Magnetfeld, um unterschiedliche Aspekte
des Wandels gedanklich und begrifflich einzufangen und die Negativzuschrei-
bung der De-Industrialisierung abzuschütteln. Er bildet als sinnstiftende
Metapher das Pendant zu Roger Hargreaves fröhlich lächelndem Mr. Happy,
der Ikone der Glasgower Imagekampagne. Der Slogan öffnete eine Leerstelle
in der Gegenwart und betonte das Moment der positiven Entwicklung:
Glasgow ist besser als was? Besser als sein Ruf? Besser als früher? Besser als
andere Städte? Die post-industrielle Stadt markierte umgekehrt, was man
gewesen war und nun nicht mehr sein wollte: eine heruntergekommene,
der Vergangenheit verhaftete Industriestadt. Post-industriell sein hieß in
diesem Sinne neu, anders und aufregend zu sein, ohne dass der Zielpunkt
genauer bestimmt werden musste. Vermittelt werden sollte in erster Linie
der Wandel. Die Außenwelt sollte verstehen, dass Glasgow den Aufstieg in
die Liga der attraktiven und erfolgreichen Städte geschafft hatte, in denen
die Menschen gerne lebten, Urlaub machten, einkauften und vor allem
investierten. Das *Garden Festival* machte eine innerstädtische Hafenbrache
zur Projektionsfläche für diese Marketing-Botschaft des Wiedererblühens.

Nie wurde die Utopie eines neuen Glasgow so zelebriert, wie im Rahmen
des Kulturhauptstadtjahrs 1990. Es ist gewiss kein Zufall, dass dabei der
Streit um die Identität der Stadt und den Wert der kollektiven Erinnerung
einen Höhepunkt erreichte. Während sich die einen bemühten, Glasgow

---

[18] Vgl. den Kampagnenbildband von John Struthers, Glasgow's miles better. „They
said it", Glasgow 1986.
[19] NAS, SDA1/10, The Scottish Development Agency, Annual Report 85: Agency of
Change.

als Kunst- und Kulturmetropole von europäischem Rang darzustellen, forderten andere, man müsse sich auf die Geschichte der Arbeiter- und Industriestadt besinnen und damit den in Generationen gewachsenen Erfahrungen der Mehrzahl der Einwohner Rechnung tragen[20].

Das Glasgow der frühen 1990er Jahre war eine Stadt im Umbruch. Die pausenlos verkündete Botschaft von der Renaissance schien endlich Wirkung zu zeigen. Ein Teil der ehemals heruntergekommenen Innenstadt erlebte unter dem Label *Merchant City* seinen Wiederaufstieg als noble Adresse für Büros, Geschäfte und Dienstleister. Das Kulturhauptstadtjahr etablierte die Vorstellung vom Kultursektor als urbaner Wachstumsbranche, und der Städteforscher Charles Landry entwickelte vor diesem Hintergrund und zunächst bezogen auf Glasgow seine Vorstellung von der kreativen Stadt als einem *Hotspot* der globalen Wissens- und Informationsgesellschaft[21]. Zusammen mit Richard Floridas Gedanken über die Eigenheiten der kreativen Klasse elektrisiert diese Metapher die Stadtplaner bis heute, inzwischen freilich vielfach inhaltlich erweitert[22]. Charles Landry und seine 1978 gegründete Denkfabrik *Comedia* sind zudem ein gutes Beispiel dafür, wie die Stadtentwicklung seit den frühen 1980er Jahren zunehmend privatisiert wurde.

1990 geriet der Broomielaw erneut in den Blick der Öffentlichkeit. Er sollte eine weitere Veränderung erfahren. Im Programmheft zum Kulturhauptstadtjahr war eine Werbeanzeige der *Glasgow & Oriental Developments Limited* abgedruckt. Unter der Überschrift „The Broomielaw – Glasgow's waterfront to the world" warb die Immobilienfirma für einen Bürokomplex an Stelle der alten Lagerhäuser und Fabriken hinter dem Kai. Der Text versprach ein außerordentliches Bauvorhaben:

„In what is probably the largest project of its kind ever undertaken outside London, the nine acre Broomielaw site is being transformed. A new kind of commercial centre is being created to carry the legacy of The Broomielaw into the 1990s and beyond. [...] Due for completion in the early 90s, The Broomielaw will offer over one million square feet of prestigious office accommodation to national and international com-

---

[20] Stellvertretend für diese Kritik von Seiten meist linksorientierter Intellektueller vgl. Seám Damer, Glasgow, going for a song, London 1990; Farquhar McLay (Hrsg.), The reckoning. Public loss, private gain. Beyond the Culture City rip off, Glasgow 1990.

[21] Vgl. sein Strategiepapier Comedia, Making the most of Glasgow's cultural assets. The creative city and its cultural economy. Final Report May 1991; GA, GDC 1/3/113.

[22] Die beiden Hauptpublikationen erschienen kurz hintereinander: Charles Landry, The creative city. A toolkit for urban innovators, London 2000; Richard Florida, The rise of the creative class and how it's transforming work, leisure, community and everyday life, New York 2002.

panies and organisations. A new commercial centre is rising out of the old Broomie-law [...]."[23]

Der Bildteil der Anzeige zeigte linkerhand ein kleines, in Sepiatönen gehaltenes Bild des alten Broomielaw-Hafens, im Mittelteil und etwas größer Männer in Anzug und Krawatte, die sich über Pläne beugten und rechts schließlich, größer als die beiden anderen zusammen, ein Modell des Gebäudekomplexes. Ikonographisch wurden so Vergangenheit, Gegenwart und Zukunft miteinander in Beziehung gesetzt. Das Gewesene wies scheinwerfergleich über das Jetzt hinaus in die Zukunft. Gleichzeitig stellte man die Geschichte Glasgows als Hafen- und Industriestadt als eine ferne Erinnerung an eine versunkene Welt dar. Das Bild inszenierte das neue Glasgow gleichsam als Phoenix aus der Asche. Wie bei den großen Projekten der öffentlichen Hand und wie bei der Imagekampagne zeigte sich hier der Wunsch, die Vergangenheit abzuschütteln.

Es handelte sich dabei nicht um ein Projekt öffentlich-rechtlicher Träger. Was hier beworben wurde, war, sieht man vom Wohnungsbau einmal ab, das erste privatwirtschaftlich-spekulative Großprojekt am alten Hafen. Zeitgleich erfolgte der Umbau zahlreicher älterer Gebäude entlang des Clyde zu Büros[24]. Es war die Zeit, als die neuen Informations- und Kommunikationstechnologien endgültig zum Durchbruch kamen. Das Büro, bislang eine Bastion gegen alle Versuche der Automatisierung und Rationalisierung, wurde von Grund auf reorganisiert. Die neue Technik brachte die Möglichkeit zur Echtzeitkommunikation über große Entfernungen. Bislang hatten die großen Firmen in Großbritannien ihren Hauptsitz nach Möglichkeit in London genommen und das Gros der Unternehmensverwaltung ebenfalls dort angesiedelt. Diese enge Verbindung aus Führung und Verwaltung war nun nicht länger notwendig, und Teile der Administration wanderten aus dem teuren Londoner Raum an billigere Standorte ab.

Wie zahlreiche andere Oberzentren profitierte Glasgow von dieser Entwicklung. Endlich schien man Anteil zu haben an der schönen neuen Welt des boomenden Dienstleistungssektors. Das Bauprojekt am Broomielaw ist Teil dieses Prozesses. Hinter der Entwicklungsgesellschaft steckten je zur Hälfte ein britischer und ein japanischer Investor – Zeichen der veränderten Kräfteverhältnisse in einer sich globalisierenden Welt. Die Eröffnung des ersten Bauabschnitts durch die Queen wurde in der lokalen Presse frenetisch gefeiert:

[23] Glasgow 1990: The Book, Glasgow 1990, S. 131.
[24] Vgl. Glasgow Herald vom 17.4.1991: „Ideal working environment down by the riverside".

„The Queen comes to the banks of the Clyde today to launch a new flagship. On the river where royalty used to see ocean-going liners off down the slipway, a new current of confidence and jobs is swirling around the wharves and piers. This time the jobs will not disappear downstream on the ebb tide."[25]

Hier wurde der Stapellauf eines neuen Zeitalters zelebriert. An die Stelle der alten Werkhallen, Hafenanlagen und Werften, so lautete die Botschaft, seien nun Büroflächen als Produktionsorte von wirtschaftlichen Werten und als materielles Gehäuse menschlicher Arbeit getreten. Sie wurden nun neben Einkaufszeilen und Kultureinrichtungen als Dominante einer neuen räumlich-sozialen Ordnung der Stadt angesehen. Von dieser Neuvermessung des urbanen Raums her erhielten Kai und Fluss eine neue Funktion. Sie wurden Pausenhof und Kulisse für die Angestellten der Büros:

„The two buildings on the riverfront offer commanding views across the Clyde. Between the buildings, new public spaces are being created. These include gardens along the river, planted courtyards, restaurants, cafes and small business that will serve some of the needs of the large organisations that will occupy the offices."[26]

Der Broomielaw verlor die letzten Reste seines maritimen Charakters. Einzige Reminiszenz an die alten Zeiten in der neuen Skyline war das nie vollendete neobarocke Gebäude des *Clyde Navigation Trusts* mit seinem markanten Eckturm und dem reichen Figurenprogramm. Die *Clyde Port Authority*, die dort nun ihr Hauptquartier hatte, war ebenfalls im Umbruch. Mit der Privatisierung 1992 wurde sie zum privaten Hafenbetreiber, der einen wesentlichen Teil seines Umsatzes bald mit der Bebauung und dem Verkauf der Hafenimmobilien machen sollte[27]. Damit passte das Unternehmen gut in die neue Nachbarschaft. Am Atlantic Quay, wie sich der Bürokomplex am Broomielaw nach Fertigstellung nannte, machten Versicherungen und Banken, Call Center und *Scottish Power* fest.

Dieser Wandel blieb nicht ohne Kritik. In den alten Lagerhäusern hinter dem Broomielaw hatten sich seit der Schließung des Hafens zahlreiche kleinere Gewerbebetriebe und Handwerker niedergelassen. Diese wurden von den nun einsetzenden Bodenspekulationen ebenso vertrieben, wie die letzten Anwohner; schützenswerte Bausubstanz ging verloren. Die Zeitgenossen vermuteten, dass es dabei nicht immer ganz legal zuging[28]. Abends und am

[25] Glasgow Herald vom 27. 3. 1991: „It will be just like the old times down on the Clyde today".
[26] Glasgow Herald vom 17. 4. 1991: „Ideal working environment down by the riverside".
[27] Vgl. hierzu David Parker, The official history of privatisation, vol. II: Popular capitalism, 1987–1999, Oxford/New York 2012, S. 149–153.
[28] Vgl. den Bericht über eine Brandserie und Verdrängungspraktiken am Broomielaw

Abb. 2: Der Broomielaw 2011 – ganz rechts, hinter der neuen Fußgängerbrücke von 2009, ist das Clyde Navigation Trust Gebäude zu erkennen. Links daneben die Gebäude des Atlantic Quay Komplexes. Oberhalb der Kaimauer erstreckt sich die mit Bäumen versehene Uferpromenade (Quelle: Privatbesitz).

Wochenende blieb das neue Quartier zudem menschenleer. Schließlich geriet das Projekt aufgrund der Verwerfungen des Immobilienmarkts immer wieder ins Stocken. Der japanische Investor, der inzwischen selbst in finanzielle Schwierigkeiten geraten war, zog sich zurück[29].

Immer wieder fanden sich jedoch neue Investoren, die Geld in laufende und neue Projekte steckten. So übernahm etwa 1993 die Immobilientochter der Commerzbank die Gebäude Atlantic Quay 1, 2 und 3. Über alle Widrigkeiten hinweg wuchs das Geschäftsviertel weiter. Als die Stadt 1996 einen Entwicklungsplan mit dem sprechenden Namen *The River of Dreams* herausgab, waren dort die folgenden beiden Empfehlungen zu lesen:

„Continue to promote the Broomielaw as the focus for major office development and inward investment opportunities within Glasgow. [...] Continue to reinforce the

im Glasgow Herald vom 20.5.1991: „Fire spreads like an epidemic in the thinderbox city. International investors build on the ashes of Glasgow's heritage".
[29] Vgl. Glasgow Harold vom 15.3.1995: „Pillar revives development. Broomielaw is given a kick start".

scale and architectural quality of buildings fronting Clyde Street/Broomielaw as a strong edge/commercial face to the City Centre."[30]

Die Planer unterstützten den weiteren Bau von Büroflächen am Broomielaw und betonten gleichzeitig die Notwendigkeit einer architektonisch hochwertigen, individuellen Gestaltung. Der Clyde bot als Freifläche jenes Maß an Sichtbarkeit, die notwendig war, um das Antlitz des neuen Glasgow augenscheinlich zu machen. Weitere Bürobauten folgten. Seit 2001 wird das gesamte Quartier als *International Financial Services District* (IFSD) beworben. Wo früher Krananlagen und Schuppen standen, Hafenarbeiter Säcke und Kisten schleppten, wo manche Reise ins Ungewisse ihren Ausgang nahm, genießen heute die Angestellten der umliegenden Büros in der Mittagspause ihren Latte Macchiato auf einer Bank an der Uferpromenade – sofern das schottische Wetter es zulässt.

5. Schlussfolgerungen

Die Geschichte des Broomielaw lässt dreierlei erkennen. Erstens, dass der Prozess zur Wiederaneignung urbaner Räume nach dem Boom langfristiger und vielschichtiger ablief, als es die simplen Dichotomien von gestern und heute erahnen lassen, mit denen Stadtplaner und Immobilienentwickler über solche Projekte zu sprechen pflegten. Etwa zwanzig Jahre, eine öde Brache, ein Parkplatz und ein Uferpark liegen zwischen dem Hafenkai und dem *International Financial and Service District*. Zweitens belegt dessen Entstehungsprozess die Absicht der Verantwortlichen, seien es nun Vertreter der Kommune oder private Investoren, die freie Sicht auf die *Waterfront* zur architektonischen Inszenierung von Marketingbotschaften für die Stadt oder das eigene Vorhaben zu nutzen. Dies galt offenbar auch abseits großer Leuchtturmprojekte und einer *Iconic Architecture*, wie sie in Glasgow in Form von Norman Fosters Clyde-Auditorium oder Zaha Hadids Riverside Museum vertreten sind. Darin spiegelte sich der zunehmende Standortwettbewerb innerhalb eines ökonomischen Regimes wieder, in dem geophysikalische und geographische Faktoren kaum mehr eine Rolle spielten. Drittens zeigt sich, welch zentrale Rolle Büroflächen innerhalb der sich seit den 1970er Jahren herausbildenden neuen sozio-ökonomischen Raumstrukturen der Städte einzunehmen begannen. Technologisch auf dem neuesten Stand und in der Raumeinteilung möglichst flexibel bildeten sie das Rückgrat eines, am Leitbild der Dienstleistungsgesellschaft orientierten Stadt-

[30] Glasgow City Council, The river of dreams. Glasgow 1996, Annex 2.

modells. War die *Inner City* in den 1980er Jahren noch in erster Linie als Problemzone wahrgenommen worden, erfuhr sie nun als zentraler Kommunikationsraum und Knotenpunkt im globalisierten Wirtschaftsnetzwerk ihre Wiederaufwertung[31]. Der Trend zur Suburbanisierung von Unternehmen und Einwohnern konnte dadurch gebremst und teilweise umgekehrt werden.

Die Geschichte der Umgestaltung des Broomielaw Kais ist für sich genommen aus heutiger Sicht eine Erfolgsgeschichte, wie nicht zuletzt die jüngsten Pläne zur Erweiterung des IFSD und zum Bau einer Reihe von Restaurants, Cafés und Ladenlokalen auf den Kaimauern zeigen[32]. Der IFSD stellt einen Baustein zur gelungenen Wiederbelebung der Innenstadt als Büro- und Geschäftsadresse, Touristenziel und Einkaufsmeile dar.

Die Transformation der Industrie- und Hafenstadt Glasgow nach dem Boom ist insgesamt betrachtet komplexer, vielschichtiger und widersprüchlicher. Blickte man etwa auf das industriell geprägte East End, so zeigte sich ein gänzlich anderes Bild, „a landscape far removed from the glossy designer stores of the city centre's style mile", wie vor kurzem eine dort aufgewachsene Journalistin schrieb[33]. Hohe Arbeitslosigkeit, Armut und eine geringe Lebenserwartung finden sich auch in anderen Teilen der Stadt. Dass selbst die positive Entwicklung des Stadtzentrums nicht auf Dauer gesichert ist, lässt sich verstärkt seit 2008 beobachten. Seit der Jahrtausendwende waren zunächst zahlreiche neue Stellen im Bereich der Immobilien- und Finanzdienstleistungen, im Gesundheitswesen, im Groß- und Einzelhandel und im Bildungssektor entstanden. Der Stellenzuwachs lag mit 14 Prozent deutlich über dem schottischen Durchschnitt von 8,3 Prozent. Die Arbeitslosigkeit blieb vergleichsweise hoch, sank aber rascher als andernorts. Die demographische Entwicklung folgte der wirschaftlichen. Die schlechte Lage am Arbeitsmarkt und eine staatlich gelenkte Dezentralisierung hatten die Zahl der Einwohner von etwa einer Million 1951 auf 577.869 im Jahr 2001 sinken lassen. In den 2000er Jahren wuchs die Bevölkerung aber erstmals wieder, und die Wende schien geschafft.

Die Banken- und Finanzkrise hat diese Erfolge in Frage gestellt. Die Arbeitslosenrate stieg in Glasgow rascher als im britischen und schottischen Durchschnitt: von 6,1 Prozent im Jahr 2008 auf 11,8 Prozent 2010. Die Dienstleistungswirtschaft, der Motor des Jobwunders vergangener Jahre,

[31] Vgl. etwa Saskia Sassen, The Global City, New York u.a. 1991.
[32] Vgl. www.broomielawquayglasgow.com/index2.php#.
[33] The Guardian vom 15.5.2012: „The people of Glasgow's East End are many things, but they are not pampered".

erwies sich als besonders instabil und krisenanfällig. Dabei handelt es sich nicht nur um ein lokales oder regionales Phänomen, wie die gegenwärtige Debatte um die Re-Industrialisierung Großbritanniens zeigt, die in Schottland, national gewendet, allgegenwärtig ist[34]. Ob die vielbeschworene Wiedergeburt Glasgows insbesondere seit den 1990er Jahren eine tragfähige und dauerhafte Erscheinung ist, bleibt daher abzuwarten.

---

[34] In den Unabhängigkeitsplänen der *Scottish National Party* spielt das Re-Industrialisierungsargument derzeit ein zentrale Rolle; vgl. die Rede von *First Minister* Alex Salmond vom 15.2.2012 „Independence and Responsibility. The Future of Scotland"; http://www.lse.ac.uk/publicEvents/pdf/20120215%20Alex%20Salmond%20transcript. pdf

Fernando Esposito

No Future – Symptome eines Zeit-Geists im Wandel

1. The Times they are a changing – eine Bestandsaufnahme

1985 veröffentlichte der Suhrkamp Verlag die Ergebnisse einer Tagung zu „Epochenschwellen und Epochenstrukturen", die im April 1983 in Dubrovnik stattgefunden hatte. In jenem Band findet sich der Beitrag „Posthistoire now" von Hans Ulrich Gumbrecht, den der Verlag 2012 erneut abdruckte. Dort heißt es:

> „Wir *wissen*, wie die Welt *werden kann* (und wahrscheinlich werden wird), und unsere Instinkte lehnen sich gegen diese Zukunftsbilder auf. Was wir *nicht* wissen: wie die Erfüllung der furchterregenden Prognosen *zu verhindern* wäre, und wie *anders* die Welt *werden könnte* und sollte. Niemand wagt es mehr ‚glückliche Gegenwelten' in der Zukunft zu lokalisieren."[1]

Eine ähnliche Zeitdiagnose liest man in dem ebenfalls 1985 veröffentlichten Sammelband „Die Lust am Untergang. Zwischen Kulturpessimismus und Hoffnung", der auf ein Symposium zu George Orwells „1984" zurückging. Im Vorwort rechtfertigte der Herausgeber Oskar Schatz den „reißerischen" Titel. Obgleich man an diesem Anstoß nehmen könne, treffe er

> „genau jenes Syndrom negativer Befindlichkeit, bestehend aus Angst, Pessimismus, Resignation, ‚No-Future'-Stimmung und zuweilen geradezu lustvoll ausgekosteten Weltuntergangserwartungen, mit dem wir heute konfrontiert sind. Es kann ja wohl kaum ein Zweifel darüber bestehen, dass sich seit den späten Siebzigerjahren in der westlichen Welt zunehmend ein dumpfes Unbehagen ausbreitet, das sich keineswegs nur mehr auf Einzelgänger oder sektiererische Randgruppen beschränkt, sondern inzwischen auch weite Teile der Bevölkerung erfasst hat."[2]

Jürgen Habermas stellte in seinem zunächst im Januarheft des „Merkur" und dann bei Suhrkamp 1985 erneut veröffentlichten Artikel „Die Krise des Wohlfahrtsstaates und die Erschöpfung utopischer Energien" fest:

---

[1] Hans Ulrich Gumbrecht, Posthistoire now, in: ders./Ursula Link-Heer (Hrsg.), Epochenschwellen und Epochenstrukturen im Diskurs der Literatur- und Sprachhistorie, Frankfurt a. M. 1985, S. 34–50, hier S. 46. Vgl. auch Hans Ulrich Gumbrecht, Präsenz, Berlin 2012; in Jürgen Kleins Nachwort (S. 352) heißt es: „Ausgehend von der Jetztzeit geht es um *die* Geschichte und die Geschich*ten* am Ende jeder Teleologie".
[2] Oskar Schatz, Vorwort, in: ders. (Hrsg.), Die Lust am Untergang. Zwischen Kulturpessimismus und Hoffnung, Wien u. a. 1985, S. 7–10, hier S. 7.

„Dem politisch wirksamen Geschichtsbewusstsein selbst ist eine utopische Perspektive eingeschrieben. So jedenfalls schien es sich zu verhalten – bis gestern. Heute sieht es so aus, als seien die utopischen Energien aufgezehrt, als hätten sie sich vom geschichtlichen Denken zurückgezogen. Der Horizont der Zukunft hat sich zusammengezogen und den Zeitgeist wie die Politik gründlich verändert. Die Zukunft ist negativ besetzt; an der Schwelle zum 21. Jahrhundert zeichnet sich das Schreckenspanorama der weltweiten Gefährdung allgemeiner Lebensinteressen ab: die Spirale des Wettrüstens, die unkontrollierte Verbreitung von Kernwaffen, die strukturelle Verarmung der Entwicklungsländer, Arbeitslosigkeit und wachsende soziale Ungleichgewichte in den entwickelten Ländern, Probleme der Umweltbelastung, katastrophennah operierende Großtechnologien geben die Stichworte, die über Massenmedien ins öffentliche Bewusstsein eingedrungen sind. Die Antworten der Intellektuellen spiegeln nicht weniger als die der Politiker Ratlosigkeit.“[3]

Für Habermas schien seit Mitte der 1970er Jahre nur eine „bestimmte Utopie, die sich in der Vergangenheit um das Potential der Arbeitsgesellschaft kristallisiert“ hatte, an ihr Ende gelangt zu sein. In der „intellektuellen Szene“ habe sich indes, so Habermas, der Verdacht ausgebreitet, „dass die Erschöpfung utopischer Energien nicht nur eine der vorübergehenden kulturpessimistischen Stimmungslagen anzeigt, sondern tiefer greift. Sie könnte eine Veränderung des modernen Zeitbewusstseins überhaupt anzeigen.“

Das deutlichste Anzeichen der unter Intellektuellen kursierenden Vorstellung, die modernen Temporalstrukturen hätten sich tiefgreifend verändert, war wohl die Konjunktur des Begriffs Posthistoire. Wie nicht zuletzt Hans Ulrich Gumbrecht nahelegte, hatte sich die „Vermutung, Befürchtung, Hoffnung“ breit gemacht, „es möchte mit dem Zeitalter des historischen Bewusstseins, der Historiographie und der historiographischen Periodisierung an ein Ende gekommen sein“[4]. Das diagnostizierte „Ende der Geschichte“ betraf indes keineswegs allein die Geschichtswissenschaft[5]. Mit dem Konzept des Posthistoire ging vielmehr die Vorstellung einher, dass die großen his-

---

[3] Jürgen Habermas, Die Krise des Wohlfahrtsstaates und die Erschöpfung utopischer Energien, in: ders., Die Neue Unübersichtlichkeit. Kleine Politische Schriften V, Frankfurt a.M. 1985, S. 141–163, S. 143; dort (S. 145 und S. 144f.) auch die folgenden Zitate.
[4] Gumbrecht, Posthistoire now, S. 35. Vgl. Hans Ulrich Gumbrechts neuere und aktuelle Schriften: Diesseits der Hermeneutik. Die Produktion von Präsenz, Frankfurt a.M. 2004; Unsere breite Gegenwart, Berlin 2010, und Nach 1945. Latenz als Ursprung der Gegenwart, Berlin 2012.
[5] Vgl. hierzu insbesondere Lutz Niethammer, Posthistoire. Ist die Geschichte zu Ende?, Reinbek bei Hamburg 1989; vgl. aber auch Hans von Fabeck, Jenseits der Geschichte. Zur Dialektik des Posthistoire, München 2007; Steffen Henne, Posthistoire. Zeitdiagnostik in der Bundesrepublik um 1980, Magisterarbeit, Marburg 2012, sowie Rainer Rotermundt, Jedes Ende ist ein Anfang. Auffassungen vom Ende der Geschichte, Darmstadt 1994.

torischen Subjekte, die Nation, das Proletariat, ja das menschliche Subjekt überhaupt, ihre *agency* eingebüßt hätten. Es gab zwar weiterhin Wandel, aber der Mensch gestaltete diesen Veränderungs- und Verlaufsprozess nicht mehr aktiv, sondern stand ihm mehr oder weniger ohnmächtig gegenüber.

Neben dem Begriff Posthistoire machten auch zahlreiche weitere „Postismen" die Runde: Postmoderne, postindustrielle Gesellschaft, Postmarxismus, Poststrukturalismus. Allerorts gab es Anzeichen eines Bruchs, eines Abgeschlossenseins und eines Endes, und nirgendwo schien sich ein Neuanfang anzudeuten. So stellte Gumbrechts akademischer Lehrer, der Konstanzer Romanist Hans Robert Jauß, anlässlich der Adorno-Konferenz 1983 fest:

> „[Es scheint] sich in der gegenwärtigen Erscheinung einer Postmoderne, wenn sie in der Tat eine Epochenschwelle anzeigen sollte, zum ersten Mal in der Geschichte des ästhetischen Modernismus das Bewusstsein eines eingetretenen Bruchs zwischen dem Alten und dem Neuen nur mehr in Kategorien des ‚nicht mehr' artikulieren zu können. [...] Wie immer man die Zeitsymptome dieses *fin de siècle* an der Schwelle zum dritten Jahrtausend unserer Zeitrechnung einschätzt, dürfte doch hinter den Mythologemen einer bevorstehenden Apokalypse der industriellen Gesellschaft und der Ostentation eines (sich selbst zugeschriebenen) Epigonentums der modernen Künste auch dem kritischen Blick ein faktischer Kern unübersehbar werden: innerhalb des bisher noch ungeschiedenen Bewusstseins der epochalen Einheit des 20. Jahrhunderts vollzieht sich heute die allmähliche Abscheidung einer Vergangenheit. Dabei scheint zwar das eingetretene Neue noch nicht als Erfahrung artikulierbar zu sein, wohl aber das abgelöste Alte in seiner sich abschließenden Gestalt fassbar zu werden."[6]

War nun der Orientierungsverlust, der seit den 1970er Jahren die Selbstwahrnehmung der westeuropäischen Gesellschaften bestimmte, Ausdruck einer „Situation [...], in der eine immer noch von der arbeitsgesellschaftlichen Utopie zehrende Sozialstaatsprogrammatik die Kraft verliert, künftige Möglichkeiten eines kollektiv besseren und weniger gefährdeten Lebens zu erschließen"[7]? Oder waren der geschwundene Optimismus und die scheinbare Schließung des offenen Zukunftshorizonts Zeichen einer fundamentaleren Transformation des modernen Zeitbewusstseins? Wurde das zukunftsgerichtete moderne „Historizitätsregime" im letzten Drittel des 20. Jahrhunderts von einem „präsentistischen" Historizitätsregime abgelöst, wie François Hartog argumentiert[8]? Ist das „historistische Chronotop" von „unserer breiten

---

[6] Hans Robert Jauß, Der literarische Prozess des Modernismus von Rousseau bis Adorno; in: Ludwig von Friedeburg/Jürgen Habermas (Hrsg.), Adorno-Konferenz 1983, Frankfurt a.M. 1983, S. 95–130, hier S. 97f.
[7] Habermas, Krise des Wohlfahrtsstaates, S. 147.
[8] Vgl. François Hartog, Regimi di storicità. Presentismo e esperienze del tempo, Palermo 2007.

Gegenwart" verdrängt worden, wie Gumbrecht meint? Löste sich der Kollektivsingular „Geschichte" erneut in zahlreiche „Geschichten" auf[9]? War „die Moderne", so fragte Habermas anlässlich der Verleihung des Adorno-Preises der Stadt Frankfurt im Jahr 1980, wirklich „so passé, wie die Postmodernen behaupte[te]n"[10]?

2. Ein sich verdunkelnder Erwartungshorizont

Es kann nicht das Ziel der folgenden Ausführungen sein, diese Fragen zu beantworten. Sie dienen vor allem dazu, die Genese einer Debatte anzudeuten, die seit den 1970er Jahren geführt wird und die noch keineswegs abgeschlossen ist; „das eingetretene Neue" scheint, wie Jauß meinte, weiterhin „noch nicht als Erfahrung artikulierbar zu sein". Es wäre daher unlauter, eine historische Distanz zu jenen Autoren, Werken und Diskussionen nahezulegen, die es noch gar nicht geben kann. Wir sind nicht allein wirkungsgeschichtlich mit ihnen noch sehr eng verflochten, sondern teilen einen gemeinsamen Erwartungshorizont[11]. Unsere Gegenwart ist von jener Zukunft, die sich damals auftat, bestimmt.

Seit den 1990er Jahren sind zudem zahlreiche Arbeiten – insbesondere sozialwissenschaftlicher Provenienz – erschienen, die eine Brücke bilden zwischen den selbstreflexiven Beobachtungen der 1970er und 1980er Jahre und dem Versuch, eine Zeit-Geschichte nach dem Boom zu schreiben: Während der Geograph David Harvey 1989 auf eine weitere „Verdichtung unserer räumlichen und temporalen Welten" durch den Kapitalismus aufmerksam machte, sprach Anthony Giddens 1991 von der schwindenden Fähigkeit, die Zukunft zu kolonisieren. Hermann Lübbe diagnostizierte eine „Gegenwartsschrumpfung". Manuel Castells verkündete 1996 die Etablierung einer „zeitlosen Zeit" im Zuge des Aufstiegs der „Netzwerk-Gesellschaft", Richard Sennett machte 1998 auf die diskontinuierliche Zeit auf-

---

[9] Zum Kollektivsingular Geschichte vgl. u.a. Reinhart Koselleck, Historia Magistra Vitae. Über die Auflösung des Topos im Horizont neuzeitlich bewegter Geschichten, in: ders., Vergangene Zukunft. Zur Semantik geschichtlicher Zeit, Frankfurt a.M. [4]2000, S. 38–66.

[10] Jürgen Habermas, Die Moderne – ein unvollendetes Projekt, in: ders., Kleine Politische Schriften (I–IV), Frankfurt a.M. 1981, S. 444–464, hier S. 444.

[11] Zur wirkungsgeschichtlichen Verflechtung vgl. Hans Georg Gadamer, Wahrheit und Methode. Grundzüge einer philosophischen Hermeneutik. Gesammelte Werke Bd. 1, Tübingen [6]1990, S. 305–312. Zum Erwartungshorizont vgl. Reinhart Koselleck, „Erfahrungsraum" und „Erwartungshorizont" – zwei historische Kategorien, in: ders., Vergangene Zukunft, S. 349–375.

merksam, welche die „neue Kultur des Kapitalismus" mit ihrer Betonung der Flexibilität hervorgebracht hatte, und Zygmunt Bauman wies im Jahr 2000 auf die neuartige Unmittelbarkeit und Kurzfristigkeit der Zeit in der „flüssigen Moderne" hin. 2005 schließlich legte Hartmut Rosa eine Theorie der Modernisierung als Beschleunigung vor und konstatierte, der stete Wandel der Temporalstrukturen und -horizonte hätte in der „Spätmoderne" zu jenem Zustand geführt, den Paul Virilios Übersetzer bereits 1990 als „rasenden Stillstand" beschrieben hatte[12].

Im Folgenden gilt es, weniger diesen Problemzusammenhang zu ent-flechten, als vielmehr zu zeigen, dass es sich bei der von Habermas konsta-tierten „Neuen Übersichtlichkeit", bei der kulturpessimistischen „Lust am Untergang" und dem grassierenden „Postismus" keineswegs um ein reines Intellektuellenphänomen handelte. Orientierungslosigkeit, ein düsterer Erwartungshorizont, an dem sich apokalyptische Bedrohungsszenarien ab-zeichneten, und das Gefühl schwindender Handlungsmächtigkeit und der Unbeherrschbarkeit der Zukunft prägten auch die Bewusstseinslage zahl-reicher Jugendlicher. Dass weite Teile der Jugend ängstlich und „planlos" in die Zukunft blickten, trug erheblich zur Steigerung des allgemeinen Problembewusstseins bei, war doch Jugend gemeinhin mit Aufbruch und Zukunftshoffnung konnotiert.

Nichts schien die in den 1970er und 1980er Jahren kursierenden Nie-dergangs-Ängste treffender zu verkörpern als die neue Jugendkultur Punk, die sich eben den Slogan *No Future* auf die Fahnen beziehungsweise auf die Lederjacken geschrieben hatte. Das extravagante Äußere und provokative Auftreten dieser Jugendlichen erzeugte eine erhebliche mediale Aufregung. Doch es waren nicht nur die „Bild" und die britische *yellow press*, welche die Ängste vor den „wreckers of civilization" anstachelten[13]. Auf der Titel-seite einer Januarnummer nannte der „Spiegel" 1978 Punk eine „Kultur

---

[12] David Harvey, The Condition of Postmodernity, Oxford 1989; Anthony Giddens, Modernity and Self-Identity. Self and Society in the Late Modern Age, Cambridge 1991; Hermann Lübbe, Im Zug der Zeit. Verkürzter Aufenthalt in der Gegenwart, Berlin 1993; Manuel Castells, The Information Age. Economy, Society and Culture, vol. I: The Rise of the Network Society, Cambridge 1996; Richard Sennett, The cor-rosion of character, New York 1998; Zygmunt Bauman, Liquid Modernity, Cam-bridge 2000; Hartmut Rosa, Beschleunigung. Die Veränderung der Zeitstruktur in der Moderne, Frankfurt a.M. 2005; Hartmut Rosa, Weltbeziehungen im Zeitalter der Beschleunigung. Umrisse einer neuen Gesellschaftskritik, Berlin 2012; Paul Virilio, Rasender Stillstand. Essay, München u.a. 1992. Das französische Original erschien unter dem weniger aussagekräftigen Titel *Inertie polaire* 1990 in Paris.
[13] Daily Mail vom 19.10.1976: „Adults only art show angers an MP".

aus den Slums: brutal und hässlich". Im Heft erfuhr die Leserschaft, dass Punk „ein Katalysator und der Reflex einer für viele Teenager unbewohnbar gewordenen Gegenwart" sei[14]. Der Soziologe Peter Marsh veröffentlichte in dem britischen Magazin „New Society" eine weiterhin einflussreiche Deutung von Punk als Ausdruck der Verzweiflung der zeitgenössischen Jugend angesichts steigender Jugendarbeitslosigkeit: „In contrast to the rock and roll, which grew up in the ‚You've never had it so good' 1950s, this is the music of the unemployed teenager. It's dole-queue rock"[15]. Dass Punk als Beleg und Bestätigung eigener wie fremder Ängste instrumentalisiert wurde, soll indes nicht den Wandel der Zukunftseinstellung unter zahlreichen Jugendlichen relativieren.

Für eine vom Jugendwerk der Deutschen Shell in Auftrag gegebene Studie wurden 1979 erstmals Jugendliche zu ihren Lebensperspektiven befragt. In der Einleitung konstatierte der Soziologe Detlef Riemer,

„neben dem Umweltschutz [kommt] der Sorge um die Sicherheit der Arbeitsplätze und der Jugendarbeitslosigkeit höchste Bedeutung zu. Das konjunkturelle Tief Mitte der siebziger Jahre strukturierte die Meinungen und Einstellungen der jungen Menschen ganz erheblich. Vorbei ist der optimistische Überschwang [...] Etliche Befragte zeigen tendenziell konservative oder resignative Züge. [...] Die Kritik am Bestehenden [...] bleibt aus. Die potentielle Einführung des Sozialismus [...] strahlt keine Faszination mehr aus."[16]

Die Ergebnisse der Jugendstudie von 1981 bekräftigten diesen Tenor:

„Die Mehrheit der Jugendlichen sieht die Zukunft der Gesellschaft eher pessimistisch [...]. Die Mehrheit der Jugendlichen hat kein Vertrauen in die großen zeitgeschichtlichen Zukunftsvorschläge [...]. Die Mehrheit der Jugendlichen glaubt nicht mehr an die ‚natürliche Höherentwicklung', an den evolutionären Gang der Geschichte hin auf ein besseres Leben. Für sie hat die industrielle Zivilisation an Attraktivität verloren."[17]

Neben diesen Hinweisen auf die sich ausbreitende Resignation und die „Erschöpfung utopischer Potentiale" scheinen auch die fünf häufigsten Antworten auf die Frage aussagekräftig „Welche Vorstellung von der Zukunft unseres Lebens und der Gesellschaft haben Sie?" An erster Stelle stand die Antwort: „zunehmende Zerstörung der Umwelt", gefolgt von „allgemeine Zukunftsangst, Weltuntergang", „es wird wieder Krieg geben", „die Gesell-

---

[14] Der Spiegel vom 23.1.1978: „Punk: Nadel im Ohr, Klinge am Hals".
[15] New Society vom 20.1.1977: „Dole-queue rock".
[16] Die Einstellung der jungen Generation zur Arbeitswelt und Wirtschaftsordnung, hrsg. vom Jugendwerk der Deutschen Shell, Hamburg 1980, S. 10f.
[17] Jugend '81. Lebensentwürfe, Alltagskulturen, Zukunftsbilder, Bd. 1, hrsg. vom Jugendwerk der Deutschen Shell, Hamburg 1981, S. 15; dort (S. 378) auch das folgende Zitat.

schaft wird immer mehr entmenschlicht" und schließlich doch noch: „alles moderner, technischer, fortschrittlicher".

Die Zukunftsvorstellungen der befragten Jugendlichen scheinen die These einer in weiten Teilen der Gesellschaft seit den späten 1960er Jahren wachsenden Skepsis gegenüber „Modernisierung" und „Fortschritt" zu bestätigen. Sicherlich ist bei derlei demoskopischen Umfragen stets ein gewisses Misstrauen angebracht, und wenngleich deren Ergebnisse gewiss nicht auf „die" Jugend und erst recht nicht auf „die" Gesellschaft übertragbar sind, so scheinen sie doch eine Tendenz zu bestätigen. So vermittelt beispielsweise auch die zeitgenössische Literatur den Eindruck, eines sich verdüsternden Erwartungshorizonts. In der Belletristik herrschten Themen wie die „kollektive Zukunftsangst" sowie die „Erfahrung lebensweltlichen Scheiterns" vor[18]. Angesichts der vielzitierten „Grenzen des Wachstums", der steigenden Arbeitslosigkeit, der atomaren und der ökologischen Gefahren wandelte sich die Zukunft in den Augen vieler zu einem Bedrohungsherd, der allerlei Risiken barg und Angst sowie Ohnmachtsgefühle erzeugte. Und wenn sich der Einzelne, dem Individualisierungstrend folgend, zudem aus den familiären Beziehungen und dem althergebrachten sozialen Gefüge löste, wurde auch seine eigene Biographie zunehmend unwägbarer und somit ebenfalls zu einem Faktor potentieller Verunsicherung.

Wie einige Titelblätter nahelegen, mit denen der „Spiegel" 1981 aufmachte, zeichneten auch die Journalisten und Meinungsmacher das Bild einer Zukunft, die alles andere als rosig erschien: Während der Benzinpreis und die Arbeitslosenzahlen stiegen, sanken die Löhne, die Jugend begehrte auf, die Wälder starben und der Dritte Weltkrieg drohte; die atomare Katastrophe schien nach Harrisburg ohnehin jederzeit möglich. Wie anfangs bereits angedeutet, herrschte eben eine regelrechte „Lust am Weltuntergang" vor. Doch, wenngleich der „Spiegel" im folgenden Jahr unter der Überschrift „Die Angst der Deutschen" eine sechsteilige Serie veröffentlichte, so hatte man es keineswegs nur mit einer *German angst* zu tun. Auch in Großbritannien war die Stimmung dank des *winter of discontent* 1978/79, der Stagflation, steigender Arbeitslosenzahlen, zerrütteter industrieller Beziehun-

---

[18] Andreas Wirsching, Abschied vom Provisorium. Die Geschichte der Bundesrepublik Deutschland 1982–1989/90, München 2006, S. 429. Wirsching (S. 434 ff.) spricht von einem Stimmungsumschwung nach 1981 und von einem „neuen Optimismus" und belegt dies mit Umfragen des Instituts für Demoskopie Allensbach. Angesichts des Zeitpunkts im Vorfeld des Regierungswechsels von 1982/83 und der politischen Ausrichtung des Allensbacher Instituts ist freilich eine gewisse Skepsis gegenüber diesen Aussagen geboten.

Abb. 1: Spiegel-Titelblätter Nr. 8, 11, 13, 29, 34, 39, 47, 53 aus dem Jahr 1981.

gen, Rassenunruhen, nordirischem Terrorismus und der drohenden „konservativen Revolution" Margaret Thatchers ausnehmend düster[19]. Dass auch jenseits des Kanals die Macht des Fortschrittsnarrativs im Schwinden begriffen war, davon zeugt die ubiquitäre Rede von *British disease* und von *British decline*[20]. Die korrespondierende Untergangsstimmung fand auch dort Eingang in die Literatur. Margaret Drabbles *Ice Age* aus dem Jahr 1977 verdeutlicht dies bespielhaft:

„A terrible year, a terrible world. Two of his acquaintances in prison, one dead by assassination, himself many thousands of pound in debt. It had all looked so different, four years ago, three years ago. So hopeful, so prosperous, so safe, so expansive."[21]

An die Stelle der optimistischen Hoffnungen des „goldenen Zeitalters" traten Niedergangsmotive und apokalyptische Angstszenarien[22]. Außerhalb des

---

[19] Vgl. Dominik Geppert, Thatchers konservative Revolution. Der Richtungswandel der britischen Tories 1975–1979, München 2002. Zugegebenermaßen wurde diese „konservative Revolution" von Teilen der Gesellschaft als Hoffnungsschimmer begrüßt.
[20] Vgl. Jim Tomlinson, The politics of Decline, Harlow 2001.
[21] Margaret Drabble, Ice Age, London 1977, S. 19.
[22] Zum goldenen Zeitalter vgl. Eric J. Hobsbawm, Das Zeitalter der Extreme. Weltgeschichte des 20. Jahrhunderts, München 1995.

wissenschaftlich-technologischen Felds, schwand der Fortschrittsglaube zusehends. Doch auch unter jenen Experten, die bislang am „Vorgriff auf die Zukunft", also an der Umsetzung von Plänen und der Konkretisierung von Utopien, gearbeitet hatten, wuchs die Skepsis[23].

Die Wahrnehmung der Zukunft erfuhr einen dramatischen Wandel, da sie nicht mehr als der Zeitpunkt erschien, an dem sich die Entwürfe und Pläne verwirklichen würden, die in der Gegenwart Orientierung stifteten und Handlungen leiteten. Vielmehr wurde sie als Quelle der auf die Zeitgenossen zurasenden und unkalkulierbaren Gefahren und „Risiken" wahrgenommen. Von einem „offenen Horizont der Möglichkeiten", so kürzlich Gumbrecht, mutierte die Zukunft zu einer Dimension, „die sich zunehmend allen Prognosen verschließt und die zugleich als Bedrohung auf uns zuzukommen scheint"[24]. Ulrich Becks „Risikogesellschaft", kurz nach dem Reaktorunfall von Tschernobyl veröffentlicht, kann als Indikator dieser Metamorphose der Zukunftswahrnehmung gelesen werden:

„Risiken [meinen] eine Zukunft, die es zu verhindern gilt. [...] die eigentliche soziale Wucht des Risikoargumentes [liegt] in projizierten Gefährdungen der Zukunft. Es sind in diesem Sinne Risiken, die dort, wo sie eintreten, Zerstörungen von einem Ausmaß bedeuten, dass Handeln im nachhinein praktisch unmöglich wird, die also bereits als Vermutung, als Zukunftsgefährdung, als Prognose im präventiven Umkehrschluss Handlungsrelevanz besitzen und entfalten. Das Zentrum des Risikobewusstseins liegt nicht in der Gegenwart, sondern in der Zukunft. In der Risikogesellschaft verliert die Vergangenheit die Determinationskraft für die Gegenwart. An ihre Stelle tritt die Zukunft [...] Wir werden heute aktiv, um die Probleme oder Krisen von morgen und übermorgen zu verhindern, abzumildern, Vorsorge zu leisten – oder eben gerade nicht."[25]

Da die Zukunft als unheilschwanger erfahren wurde und der Wandel, der sich in der Gegenwart ereignete, eher Verluste als Gewinne zu zeitigen schien, verlor das Fortschrittsnarrativ seine Plausibilität als Ordnung von Zeit. Es büßte sein Vermögen ein, das bedrohliche Gefühl von Ohnmacht und Kontingenz zu beseitigen, mit dem die Zeitgenossen auf die Veränderungen ihrer Lebens- und Arbeitswelten reagierten. Der Wandel wurde als richtungslos erlebt, da keine „glückliche Gegenwelten" in die Zukunft projiziert wurden. Vielmehr focht man um die Bewahrung der Errungenschaften der vergangenen 30 bis 40 Jahre und suchte, „die Katastrophe" zu verhindern.

---

[23] Vgl. Dirk van Laak, Planung. Geschichte und Gegenwart des Vorgriffs auf die Zukunft, in: GuG 34 (2008), S. 305–326, insbesondere S. 318 ff.

[24] Gumbrecht, Breite Gegenwart, S. 16.

[25] Ulrich Beck, Risikogesellschaft. Auf dem Weg in eine andere Moderne, Frankfurt a. M. 1986, S. 44.

Ein solcher Zustand ließe sich mit Antonio Gramscis Begriff des *interregnums* beschreiben: Es war eine Zeit, in der „das Alte stirbt und das Neue [noch] nicht zur Welt kommen kann"[26]. Und es war die Erfahrung einer Zeit ohne Ziel, die ängstlich stimmte[27].

3. Interregnum – zwischen Nirgendwo und Langeweile

Neben dem schon fast kanonischen Aufschrei No Future, mit dem die Sex Pistols berühmt geworden sind, weist auch ein Bild von Victor Burgin, einem der Hauptprotagonisten der conceptual art, auf den geschwundenen Fortschrittsglauben und auf den Verlust der orientierungsstiftenden Funktion der geschichtlichen Zielbegriffe hin[28]. Es ist insbesondere die Strategie des *détournement*, also die Praxis der Zweckentfremdung der Massenkultur zu „subversiven" Zwecken, die das Bild aus seiner Serie *UK76* in die Nähe des Punk rückt, aber auch beispielhaft für die Popart der späten 1970er Jahre macht.

Auf dem Bild heißt es: „Today is the tomorrow you were promised yesterday". Im Verbund mit der Photographie verweist das Diktum zunächst auf eine illusionslose Wahrnehmung der Gegenwart; die triste suburbane Landschaft und die in die ebenso trostlose, wolkenverhangene Ferne führenden Hochspannungsleitungen unterstreichen dies visuell. Doch überdies fordert Burgin die Zukunftsverheißung an sich heraus, indem er daran erinnert, dass bereits die Gegenwart Ergebnis eines vorangegangenen Fortschrittsversprechens ist. Die Diskrepanz zwischen dem Erreichten und den einst hochtrabenden Vorstellungen und Hoffnungen, so legt es das Bild nahe, ist eklatant und stimmt den Betrachter skeptisch gegenüber derlei Versprechungen überhaupt. Die Verheißungen des Fortschritts erscheinen so als Früchte des Tantalos. Der Erwartungshorizont hatte sich nicht nur verdunkelt, sondern erinnerte nunmehr an jene „fruchtbare[n] Bäume [...]. voll süßer Feigen und rötlichgesprenkelter Äpfel", welche in der griechischen Sage „um [Tantalos'] Scheitel die Zweige" neigten. Reckte sich der in Ungnade Gefallene

[26] Antonio Gramsci, Gefängnishefte. Hefte 2 bis 3, hrsg. von Wolfgang Fritz Haug, Hamburg 1991, H.3, § 34, S.354. Zum *interregnum* vgl. auch Zygmunt Bauman, 44 Letters from the Liquid Modern World, Cambridge 2010, S.119–122.
[27] Zur Zeit ohne Ziel vgl. Friedrich Nietzsche, Sils-Maria, in: ders., Kritische Studienausgabe Bd.3: Morgenröte. Idyllen aus Messina. Die fröhliche Wissenschaft, hrsg. von Giorgio Colli und Mazzino Montinari, München 1999, S.649.
[28] Zu den geschichtlichen Zielbegriffen vgl. Reinhart Koselleck, Einleitung, in: Otto Brunner/Werner Conze/Reinhart Koselleck (Hrsg.), Geschichtliche Grundbegriffe, Bd.I: A-D, Stuttgart 1972, S.XIII–XXVII, hier S.XVI.

The early-morning mist
dissolves. And the sun shines
on the Pacific. You stand like
Balboa the Conquistador.
On the cliff top. Among the last of
the Monterey Cypress trees.
The old whaler's hut is abandoned now.
But whales still swim through the wild waves.
Sea otters float on the calmer waters.
Cracking abalone shells on their chests.
Humming birds take nectar from the red hibiscus.
Pelicans splash lazily in the surf.
Wander down a winding path. Onto gentle sands.
Ocean crystal clear. Sea anemones. Turquoise waters.
Total immersion. Ecstasy.

TODAY IS THE TOMORROW YOU WERE PROMISED YESTERDAY

Abb. 2: Victor Burgin, UK76, 1976.

nach den süßen Früchten, „wirbelte plötzlich der Sturm sie empor zu den schattichten Wolken"[29]. Bei den süßen Früchten des Fortschritts handelte es sich, so Burgin, um unerreichbare Trugbilder.

Die Resignation, die in dem Bild ebenso zum Ausdruck kommt wie in den zitierten Jugendstudien, ist ein Indiz jenes Einstellungswandels, den Punk verkörperte und diese Jugendkultur zum Paradigma der neuen Zeit machte. Die desillusionierte Haltung, welche die Punks an den Tag legten, unterschied sie von den Anhängern vorangegangener und anderer zeitgenössischer Jugend- und Gegenkulturen: Einte die „'68er" und die K-Gruppen noch die Vision einer „besseren Welt", so versammelte sich unter dem Banner des Punk, des *new wave* und des Post-punk eine ernüchterte Jugend, welche die Zukunftsvisionen und utopischen Projekte ihrer älteren und gleichaltrigen Brüder und Schwestern verachtete. Punk war Ausdruck eines drastischen Zynismus, denn auch die sehnsüchtige Flucht „zurück zur Natur", welche die Ökologie-Bewegung beflügelte, wurde ironisiert. So schwärmte beispielsweise die Solinger Band S.Y.P.H. von einem „zurück zum Beton"[30]. Die Punks traten keinen Trip mehr in eine heile und friedliche Welt an. Wie es die Single *Pretty Vacant* der *Sex Pistols* im Juli 1977 nahe-

---

[29] Homer: Odyssee, 11. Gesang, 588ff., in der Übersetzung von Johann Heinrich Voß.
[30] S.Y.P.H., Zurück zum Beton, auf: S.Y.P.H., Pure Freude, 1980.

legte, führte ihre Reise vielmehr nach „Nirgendwo" und in die „Lange-weile"[31].

In einem Beitrag für das Kursbuch 65 „Der große Bruch – Revolte 81" widmete sich der Frankfurter Psychotherapeut Jörg Bopp den vielfältigen Formen des zeitgenössischen Jugendprotests. Diese unterschieden sich, laut Bopp, radikal von jenen Protestformen und Ursachen, die gemeinhin mit „'68" verbunden würden. Für Bopp stellte sich der Wandel als radikaler Bruch dar, und zwar sowohl zwischen den beiden Jugendgenerationen als auch zwischen der Jugend und der übrigen Gesellschaft:

> „Ich habe den Eindruck, dass die heutige Jugendrevolte jene Gemeinsamkeiten, die 1968 zwischen der Gesellschaft und ihren Rebellen noch bestanden, zu beträchtlichen Teilen einfach ablehnt. Wir stehen heute vor einem viel größeren Bruch als 1968. Dieser Bruch ist der spektakuläre Ausdruck einer tiefgreifenden Krise, in der sich unsere gesamte Gesellschaft befindet."[32]

Den Grund für die zeitgenössische „Jugendrevolte" sah Bopp, der sich selber zur APO-Generation zählte, in der „realistischen Angst", welche die Jugendlichen bewegte und die ihm angesichts der konkreten Gefahren auch begründet erschien[33]:

> „Wesentlich stärker als 1968 ist bei den heutigen Jugendprotesten die Zukunftsangst. Während wir damals fragten: ‚Wie gestalten wir unsere Zukunft?', fragen viele Jugendliche heute: ‚Haben wir überhaupt eine Zukunft?' Es gibt heute nicht mehr die Aufbruchstimmung der Studentenrevolte und der beginnenden sozialliberalen Koalition. Viele Studentenbewegler glaubten damals, dass mit dem ‚langen Marsch durch die Institutionen' [...] und durch zielbewusste Reformen eine gerechtere und freiere Gesellschaft aufgebaut werden könnte. Der Glaube an das wirtschaftliche Wachstum und an den technischen Fortschritt wurde durch die Forderungen der Demokratisierung zwar eingegrenzt, aber er war nicht wie heute im Zentrum gebrochen."

Angesichts dieser Diagnose wirkte Helmut Schmidts Regierungserklärung vom 24. November 1980, die unter dem Motto „Mut zur Zukunft" stand, wie eine verzweifelte Beschwörung:

> „Unsere Jugend will sich für eine bessere Zukunft engagieren. Wir freuen uns darüber, dass junge Menschen, dass Erstwähler bei der Bundestagswahl besonders zahlreich für die sozialliberale Koalition gestimmt haben. Ich sehe darin eine Verpflichtung. Auch dies gehört zu den Grundlagen für unseren Mut zur Zukunft."[34]

[31] Jamie Reid, Artwork für Sex Pistols' „Pretty Vacant" Single, Virgin 1977.
[32] Jörg Bopp, Trauer-Power. Ur Jugendrevolte 1981, in: Kursbuch 65. Der große Bruch – Revolte 81 (Oktober 1981), S. 151–168, hier S. 165.
[33] Vgl. Jörg Bopp, Vatis Argumente. Apo-Generation und heutige Jugend, in: Kursbuch 58. Karrieren (Dezember 1979), S. 1–20; Bopp, Trauer-Power, S. 159 und S. 161.
[34] Regierungserklärung von Bundeskanzler Helmut Schmidt am 24.11.1980; http://dipbt.bundestag.de/doc/ btp/09/09005.pdf#P.25.

Das jugendliche Engagement der frühen 1980er Jahre stellt sich indes gerade nicht als Kampf für eine bessere Zukunft dar. Es ging vielmehr um das Hier und Jetzt. Diesen „Präsentismus" verstand Jörg Bopp als „kämpferischen Pragmatismus":

> „In der heutigen Revolte finden sich nicht mehr die weitgreifenden Zukunftsvisionen einer freien sozialistischen Gesellschaft von 1968. Man leitet seine aktuellen Forderungen und Erfahrungen nicht mehr aus einer kritischen Gesellschaftstheorie her und deutet sich nicht mit ihr. [...] Viele protestierende Jugendliche trauen dem utopischen Denken keine Kraft zu, weil sie an der Zukunft zweifeln. [...] Da die Jugendlichen glauben, dass die Zeit nicht für sie, sondern gegen sie arbeitet, wollen sie *jetzt* das Notwendigste tun: weniger Umweltzerstörung, weniger Kernkraftwerke, weniger Atomraketen, weniger Zerstörung alter Bausubstanz, mehr Jugendzentren, mehr Wohngemeinschaften, weniger bürokratische Willkür und weniger Dressur, weniger Selbstmörder und Drogensüchtige."[35]

4. Fazit: Zeit ohne Ziel

Die Hinwendung zahlreicher Jugendlicher zu konkreten, mikropolitischen Zielen, die es in der Gegenwart zu verwirklichen galt, darf als ein weiteres Indiz für einen Wandel der Einstellung zur Zukunft gedeutet werden. Es handelt sich aber auch um einen Hinweis auf eine Abkehr vom Zeithorizont der politischen Großprojekte und Ideologien der Moderne. Die Resignation, die mit dieser Abkehr einher ging, fand in einem komplexeren Syndrom ihren Ausdruck, das unter der Chiffre Posthistoire subsumiert werden kann: In den Jahren nach dem Boom wurde die Teleologie, die in den Fortschrittshoffnungen der Aufklärung gründete, diskreditiert. Die unbeabsichtigten, unkalkulierbaren und unmenschlichen „Nebenfolgen" der Projekte der Moderne gerieten ins Zentrum der Aufmerksamkeit. Damit ging nicht nur eine tiefgreifende Ernüchterung und Angst vor der Unbeherrschbarkeit prognostizierter Gefahren einher, sondern auch eine stärkere Gegenwartsorientierung. Die wachsende Skepsis gegenüber den modernen Meta-Erzählungen führte auch zur Dekonstruktion der historischen Subjekte, die diesen Narrativen zugrunde lagen, und zur Delegitimierung jener Ordnung der Zeit als Fortschritt, welche diese Geschichte(n) strukturierte[36]. Die „neue

---

[35] Bopp, Trauer-Power, S. 163f.
[36] Jean-François Lyotard, Das postmoderne Wissen. Ein Bericht, Graz u. a. 1986, S. 14. Vgl. hierzu auch Chris Lorenz, Unstuck in time. Or: The sudden presence of the past, in: Karin Tilmans/Frank van Vree/Jay Winter (Hrsg.), Performing the past. Memory, history and identity in modern Europe, Amsterdam 2010, S. 67–102, insbesondere S. 83ff.

Unübersichtlichkeit" gründete darin, dass die Zeit ihr Ziel verloren zu haben schien. So schrieb der überzeugte Marxist Eric Hobsbawm in einer 1978 in der „New York Review of Books" erschienenen Rezension:

> „Once upon a time, say from the middle of the nineteenth century to the middle of the twentieth, the movements of the left – whether they called themselves socialist, communist, or syndicalist – like everybody else who believed in progress, knew just where they wanted to go and just what, with the help of history, strategy, and effort, they ought or needed to do to get there. Now they no longer do. In this respect they do not, of course, stand alone. Capitalists are just as much at a loss as socialists to understand their future, and just as puzzled by the failure of their theorists and prophets."[37]

Kulturpessimismus und Fortschrittsskepsis hatten den Fortschrittsglauben seit der Sattelzeit wie einen Schatten begleitet[38]. Sei es während der Romantik, des *Fin de siècle*, in den 1920er und 1930er Jahren, stets wuchsen dann die Zweifel am Fortschritt, wenn die Zeitgenossen den sich ereignenden Wandel als besonders beschleunigt erlebten. „Gegenwartsschrumpfung" und somit Orientierungslosigkeit führten zur Infragestellung des „weltlichen progressus"[39]. In diese Serie ist sicherlich auch die „Krise" des Fortschritts einzureihen, die sich seit den 1970er Jahren vollzog. Ob sie zudem eine „Veränderung des modernen Zeitbewusstseins überhaupt" anzeigt, bleibt vorerst noch offen. Es wird noch zu klären sein, inwiefern es nicht gerade ein selbstreflexiver Historismus, also das „geschichtliche Denken" selbst war, das dazu beitrug, die „utopischen Energien" aufzuzehren und jenes „dumpfe Unbehagen" zu katalysieren, das die anfangs zitierten Autoren diagnostizierten.

---

[37] Eric J. Hobsbawm, Should the Poor Organize?, in: The New York Review of Books 25 (1978), S. 44–49, hier S. 44.
[38] Vgl. Bedrich Loewenstein, Der Fortschrittsglaube. Geschichte einer europäischen Idee, Göttingen 2009.
[39] Vgl. Koselleck, „Erfahrungsraum" und „Erwartungshorizont", S. 362.

Hannah Jonas

Vom „Erzfeind hinter der Linse" zur Vermarktungsplattform

Fußball und Fernsehen in der Bundesrepublik

1. Die Arena im Wohnzimmer?

Die Popularität, die der Fußballsport heutzutage in Deutschland wie in ganz Europa genießt, zeigt sich nicht zuletzt in aufwendigen Medieninszenierungen. Der Fernsehzuschauer – so die Botschaft des televisuellen Spektakels – sei kein einfacher Beobachter mehr, sondern befinde sich mitten im Geschehen, gleichsam in seiner eigenen Arena im Wohnzimmer. Unschwer sind hinter diesen Strategien der Eventisierung und Emotionalisierung kommerzielle Interessen einer boomenden Branche zu erkennen. Obwohl die Kommerzialisierung des Profifußballs häufig kritisch diskutiert und als typisches Phänomen einer allgemeinen Tendenz zur Ökonomisierung betrachtet wird, bleibt eine Historisierung dieses Prozesses meist aus. Dieser Beitrag zeigt daher anhand des Verhältnisses zwischen Fernsehen und Bundesliga-Fußball exemplarisch die Auswirkungen von allgemeinen Veränderungen in den Bereichen Konsum, Medien und Markt auf den Fußball auf, der hier als kulturelles Massenphänomen verstanden wird. Dabei gilt es insbesondere zu verdeutlichen, wie holprig und wenig selbstverständlich der Weg zur umfassenden Vermarktlichung des Spiels in der Praxis war.

„Das Fernsehen hat die Kinos leergefegt [...] es hat die Theater leergefegt, die von Subventionen am Leben erhalten werden müssen. Nun droht auch dem Sport die Vergewaltigung. Wir haben uns 1965 viel zu billig verkauft. Doch nun fordern wir marktgerechte Preise [...]."[1]

In diesen scharfen Worten Wilhelm Neudeckers, zwischen 1962 und 1979 Präsident des FC Bayern München, spiegeln sich zentrale Vorwürfe wider, welche die Fußballverantwortlichen seit den 1960er Jahren immer wieder gegen das Fernsehen vorbrachten: Erstens argumentierten sie – auf die gesellschaftliche Ebene zielend –, das Fernsehen nehme dem Fußball die Zuschauer

---

[1] Wilhelm Neudecker auf einer Tagung der Evangelischen Akademie in Tutzing im April 1973 zum Thema „Vergewaltigt das Fernsehen den Sport, den Sportler und den Zuschauer?"; zit. nach: Der Niedersachsen-Fußball vom 16. 4. 1973: „Lieber vor 200 Zuschauern als vor 20 Millionen".

weg. Während die Fußballvereine seit Beginn der 1960er Jahre mit stetig sinkenden Zuschauerzahlen zu kämpfen hatten, erfreuten sich Sportsendungen im Fernsehen – allen voran die ARD-„Sportschau" – einer ungebrochenen Beliebtheit. Die Hauptschuld am Zuschauerschwund wurde – von Meinungsumfragen untermauert – dem Fernsehen zugesprochen. Hinzu kam, zweitens, ein Argument ökonomischer Natur: Das Fernsehen entschädige die Fußballvereine nicht angemessen für den entstandenen finanziellen Schaden. Der Fußball werde stattdessen vom Fernsehen als „billiger Jakob" missbraucht, der stets hohe Einschaltquoten beschere, aber nur einen Bruchteil dessen koste, was das Fernsehen für Unterhaltungssendungen und Spielfilme aufwenden müsse. Ein drittes, oft gehörtes Argument betraf die Wahrnehmung des Spiels, die durch die „Klubsessel"-Perspektive stark verzerrt werde. Die Kurzberichterstattung im Fernsehen picke sich die besten Häppchen eines Spiels heraus, sodass der Zuschauer enttäuscht sei, wenn er im Stadion volle 90 Minuten einem Spiel beiwohne, das nicht ausschließlich aus Höhepunkten bestehe.

In Zeiten exzessiver televisueller Vermarktung bei zugleich prall gefüllten Bundesliga-Fankurven scheinen diese Argumente längst überholt. Das liegt vor allem daran, dass sich die jahrzehntelang angespannte Beziehung zwischen Fußball und Fernsehen im Zuge eines Privatisierungs- und Ökonomisierungsschubs um 1990 in ein geradezu partnerschaftliches Verhältnis transformiert hat. Diese Entwicklung ist auch für ein besseres Verständnis der Jahre nach dem Boom von Bedeutung. Am Beispiel der Beziehung zwischen Fußball und Fernsehen lassen sich sowohl Veränderungen der Konsum- und Freizeitkultur als auch die Auswirkungen von Privatisierungen im Zeichen neoliberaler Ordnungsmodelle studieren. Darüber hinaus wird jedoch auch deutlich, dass Institutionen wie Fußballvereine und Fernsehsender nicht nur durch übergeordnete gesellschaftliche oder ökonomische Trends gesteuert werden, sondern mitunter einem eigenen Entwicklungspfad folgen, den Traditionen und historisch gewachsene Denkmuster vorzeichnen.

Die gemeinsame Geschichte von Fußball und Fernsehen zerfällt in zwei Phasen, die hier nachgezeichnet werden sollen. In der ersten Phase zwischen 1963 und 1988 war das Verhältnis von zahlreichen Konflikten geprägt, die strukturell bedingt waren und meist nach demselben Muster verliefen. In der zweiten Phase ergab sich Ende der 1980er Jahre mit dem Durchbruch des Privatfernsehens eine vollständig neue Konstellation, in der Fußball und Fernsehen ein symbiotisches Bündnis eingingen, das auf kommerziellen Interessen fußte und bis heute Bestand hat.

2. 1963 bis 1988: „Fernsehstreit" und kein Ende

Das Fernsehen gilt neben dem Automobil als Symbol für den Wandel der Freizeit- und Konsumgewohnheiten der Bundesbürger in den Jahren des „Wirtschaftswunders". Steigende Einkommen und kürzere Arbeitszeiten schufen die Voraussetzungen für ein neues Konsummodell, das sich unter anderem durch mehr Freizeit und den Siegeszug des Fernsehens als Massenmedium auszeichnete. Ein wichtiges Zugpferd dieses neuen Mediums war von Anfang an die Übertragung von Sportveranstaltungen – und hier insbesondere die Übertragung von Fußballspielen –, auch wenn der Sport in den Fernsehanstalten zunächst eine „Rand- und Kümmerexistenz" führte, da das Fernsehen den Programmverantwortlichen vor allem als Instrument zur Verbreitung von Kultur und Bildung galt[2].

Als 1963 die Bundesliga aus der Taufe gehoben wurde, etablierte sich auch ein Fußball-Sendemodell, das die Sehgewohnheiten von Millionen Fußballbegeisterten bis Ende der 1980er Jahre Samstag für Samstag prägen sollte: Die ARD berichtete gegen 18.00 Uhr zeitnah in Kurzberichten von einigen Bundesliga-Partien. Gegen 22.00 Uhr folgte das ZDF mit dem „Aktuellen Sport-Studio", das durch Unterhaltungselemente wie Studio-Gäste, Live-Schaltungen und sportliche Vorführungen („Torwandschießen") den Aktualitätsverlust gegenüber der ARD kompensierte. Live-Übertragungen von Bundesliga-Begegnungen waren untersagt, da der DFB bereits seit Ende der 1950er Jahre einen negativen Einfluss auf die Zuschauerzahlen in den Stadien befürchtete. Filmschnitte, Zeitlupentechnik, Analysen und Interviews schufen eine neue Erlebnisdimension und veränderten die Inszenierung des Spiels wie der Spieler.

Einige Zeitgenossen kritisierten, dass diese künstliche Dramaturgie des Fernsehfußballs zur „Verseuchung der Denkwelt" beitrage und den Zuschauer zum passiven Konsumenten einer künstlichen Wirklichkeit degradiere[3]. Zudem wünschten sich nicht wenige Fußballanhänger die Zeit zurück, in der Vereine noch nicht mit Millionen hantierten und man seine Lieblingsspieler nach der Partie in der örtlichen Kneipe antreffen konnte. Dennoch änderten diese Einwände nichts an der Popularität von Fußballsendungen, die ARD und ZDF konstant hohe Einschaltquoten bescherten.

---

[2] Vgl. Götz-Tillmann Großhans, Fußball im deutschen Fernsehen, Frankfurt a. M. u. a. 1997, S. 38; zum Folgenden vgl. ebenda, S. 47.
[3] Wilhelm Hopf, Fernsehsport. Fußball und anderes, in: ders. (Hrsg.), Fußball. Soziologie und Sozialgeschichte einer populären Sportart, Bensheim 1979, S. 227–240, hier S. 239.

Im Kontrast dazu verzeichnete der professionelle Vereinsfußball im gleichen Zeitraum immer weniger Zuschauer in den Stadien. Mit Ausnahme der vier Jahre nach dem Gewinn der Weltmeisterschaft im Sommer 1974 sanken die Besucherzahlen seit Gründung der Bundesliga bis 1989 kontinuierlich. Angesichts der ungebrochenen Beliebtheit des Fußballs als „Fernsehsport" ist es also kaum verwunderlich, dass die Fußballverantwortlichen vor allem die TV-Übertragungen für den Zuschauerschwund verantwortlich machten. Bestärkt wurden sie in dieser Auffassung durch zahlreiche Presseberichte, die das Bild des „satten Bürgers" zeichneten, der Fußball lieber „bequem im Sessel" genieße, „Zigarette und Glas in der Hand"[4]. Der „Erzfeind" sitze

„hinter der Fernsehlinse. Jede Minute über den Bildschirm flimmernder Fußballszenen aus der Bundes-, aber auch aus der Regionalliga hält die Leute vom Besuch eines Spiels ab, tötet das spontane Interesse, weil sich im Klubsessel doch so schön mitgehen und nachher mitreden lässt."[5]

Diesem einseitigen Erklärungsansatz widersprachen Berichte über Zumutungen in den Stadien. Der „Bundesliga-Zuschauer müsse in einer Art Kampfanzug erscheinen, um bei den unzulänglichen Anlagen mit Witterungsunbilden fertig zu werden", zitierte beispielsweise der „Spiegel" den Frankfurter Stadtrat und Sportdezernenten Prof. Dr. Peter Rhen[6]. Laut einer Infratest-Meinungsumfrage von 1970/71 zur Situation der Fußball-Bundesliga trugen die Verhältnisse in den Stadien entscheidend zum Rückgang der Zuschauerzahlen bei. Einer der Befragten fand in diesem Zusammenhang deutliche Worte:

„Wenn ich DM 20,- für eine Eintrittskarte bezahle und mir dann beim Marsch vom Parkplatz zum Stadion durch knöcheltiefen Schmutz bereits nasse Füße hole, mich auf der Tribüne zwei Stunden lang in den Regen setzen muß, keine Möglichkeit habe, einen beginnenden Schnupfen mit heißem Kaffee oder Schnaps zu bekämpfen, dann auch noch schlechten Fußball zu sehen bekomme, dann setze ich mich lieber vors Fernsehen und gebe die DM 20,- für eine Theaterkarte aus."[7]

Schilderungen wie diese zeugen vor allem vom gestiegenen Wohlstand und den damit ebenfalls gesteigerten Erwartungen der Zuschauer. Fehlende Parkplätze und mangelnder Komfort konnten erst zu einem Problem werden, als das Automobil massenhaft verfügbar und bequemere Freizeitalternativen –

---

[4] Kicker-Sportmagazin vom 15. 1. 1973: „Ist die Bundesliga wirklich so schlecht?"
[5] Kicker-Sportmagazin vom 19. 11. 1970: „Fernsehen raus!"
[6] Der Spiegel vom 8. 2. 1971: „Verspielte Millionen".
[7] Stadtarchiv Essen, 448-697, Studie Infratest 1971: Die Situation der deutschen Fußball-Bundesliga 1970/1971. Analyse, S. 111.

wie Fernsehabende in den eigenen vier Wänden – möglich wurden. Es war also nicht unbedingt eine Fehleinschätzung, dass das Fernsehen zum Zuschauerschwund in den Stadien beitrug. Jedoch stand dahinter eine wesentlich größere Verschiebung der Freizeitgewohnheiten, die auf die neuen Möglichkeiten der Wohlstandsgesellschaft zurückzuführen waren. Einige Funktionäre und Spieler wollten das Fernsehen gänzlich aus den Stadien verbannen und verkannten dabei die Irreversibilität des Entwicklungspfads. Sie waren davon überzeugt, dass sich ohne Fußball im Fernsehen „nach einiger Zeit das unbefriedigte Interesse am Fußball [...] dahingehend äußern würde, daß wieder bedeutend mehr Zuschauer in die Stadien kämen"[8].

Die meisten Verantwortlichen waren jedoch weitsichtig genug zu erkennen, dass das Fernsehen zu einem der wichtigsten Kanäle geworden war, über den die Zuschauer den Kontakt zu ihrem Lieblingssport aufrecht erhielten. Ohne das Fernsehen drohte der bereits ausgedünnte Faden vollends abzureißen. Die Strategie der Vereine bestand daher erstens darin, strikte Regeln für die Übertragung von Länderspielen und internationalen Vereinswettbewerben aufzustellen. Beispielsweise durften diese Übertragungen nicht im Vorfeld der Veranstaltung angekündigt werden, oft konnte man die Aufzeichnungen erst zeitversetzt und zu nächtlicher Stunde sehen. Wenn es sich abzeichnete, dass dennoch nicht genügend Zuschauer ins Stadion kommen würden, sagte man die Übertragung bisweilen auch kurzfristig ab. Bei den Fernsehzuschauern löste dieses willkürliche Vorgehen meist heftige Proteste aus.

Zweitens entwickelten sich die Verhandlungsrunden zwischen Vereinen und Fernsehsendern zu Machtproben, die sich in regelmäßigen Abständen wiederholten. Der DFB erhöhte alljährlich seine Forderungen und drohte mit einem Fernseh-Boykott, falls die Entschädigung zu niedrig ausfalle. Letztendlich hatte diese Strategie jedoch kaum Erfolg, da die Fernsehmacher die Forderungen stets als „utopisch" zurückwiesen, unnachgiebig blieben und nur wenige Zugeständnisse machten. Die Intendanten wehrten sich überdies vehement gegen die Rolle des Fernsehens als „Prügelknabe". So fragte Dr. Hans Arnold, Sportkoordinator für ARD und ZDF, im Gegenzug Anfang der 1970er Jahre, „was der Fußball ohne Fernsehen wäre? Das Fernsehen besitzt für den Fußball einen Propagandawert, der gar nicht abzuschätzen ist."[9].

[8] Klaus Wunder und Hannes Linssen (beide Spieler beim MSV Duisburg) in: Kicker-Sportmagazin vom 30. 4. 1973: „Bundesliga ohne Fernsehen!"
[9] Frankfurter Rundschau vom 25. 1. 1973: „Das Fernsehen will nicht der Prügelknabe sein".

Steigende Spielergehälter und ausbleibende Zuschauer lösten eine finanzielle Negativspirale aus und schwächten die Verhandlungsposition der Vereine zusätzlich, die mehr und mehr auf die Fernsehgelder angewiesen waren. Auch wenn offensichtlich war, dass Fußballübertragungen das Fernsehen weit weniger kosteten als die Produktion von Unterhaltungsformaten, Nachrichtensendungen oder Spielfilmen[10], gelang es den Fußballverantwortlichen nicht, genügend Druck auf ARD und ZDF auszuüben, um ihre Forderungen durchzusetzen.

Mitte der 1970er Jahre entzündete sich zwischen Fußball und Fernsehen ein neuer Streit an der Frage, wie viel Werbung im Stadion legitim sei: Aufgrund der schlechten wirtschaftlichen Situation fast aller Bundesligavereine rang sich der DFB 1973 dazu durch, „Werbung am Mann" in festgelegten Grenzen zuzulassen. Eintracht Braunschweig war daraufhin der erste Verein, der sich Werbung auf den Spielertrikots mit 100.000 DM pro Jahr durch den Kräuterschnaps-Unternehmer Günter Mast bezahlen ließ. Es dauerte nicht lange, bis andere Vereine diesem Beispiel folgten. Hatte sich das Fernsehen schon lange an der fest installierten Bandenwerbung gestört, ließen Trikotwerbung und mobile Werbereiter, die erst kurz vor Spielbeginn aufgestellt wurden, den Konflikt schließlich eskalieren. Die Fernsehmacher sahen durch „Schleichwerbung" die öffentlich-rechtliche Struktur ihres Mediums untergraben und wehrten sich mit allen ihnen zur Verfügung stehenden Mitteln. Kameraleute, „von ihren Vorgesetzten auf Reklame-Abstinenz gedrillt", hielten

„Trikotwerbung auf unlesbare Distanz und führten den Bildrand so knapp oberhalb der Rasengrenze entlang, daß selbst die stationäre Werbung auf der Stadionbande vom Bildschirm [verschwand]. Kameraferne Außenspieler zappel[ten] bisweilen nur mit Bauch und Beinen auf den Bildschirm umher."[11]

Als kurz vor dem Anpfiff eines Länderspiels zwischen Deutschland und der Schweiz, das 1974 in Basel stattfand, zahlreiche deutsche Firmen „spontan" ihre Banner entlang des Spielfeldrands ausbreiteten, war für das ZDF eine Grenze überschritten, und der Sender weigerte sich, das Spiel zu übertragen[12]. Das Verständnis der Zuschauer für diese Maßnahme war gering. So gingen beim Fernsehen tausende Protestanrufe ein, und die Boulevard-

[10] Vgl. die Programm-Minutenkosten für die genannten Sparten nach: ARD Jahrbuch, hrsg. von der Arbeitsgemeinschaft der öffentlich-rechtlichen Rundfunkanstalten der Bundesrepublik Deutschland, Hamburg 1969–1989.
[11] Der Spiegel vom 9. 9. 1974: „Fernsehen: Anstößige Reiter".
[12] Vgl. Die Welt vom 6. 9. 1974: „Warum das Fernsehen jetzt die Schleichwerbung verbannt".

presse verurteilte lautstark den „Fernsehkrieg", der auf dem Rücken des Publikums an den Bildschirmen ausgetragen werde[13].

Da sich die folgende Verhandlungsrunde um die Fernsehrechte für Bundesliga-Kurzberichte besonders langwierig gestaltete, sodass vom ersten Spieltag der zweiten Bundesliga im Herbst 1974 überhaupt keine Berichte gesendet wurden, beruhigte der DFB seine Verhandlungspartner mit dem verbalen Versprechen, die Schleichwerbung zukünftig eindämmen zu wollen. Ein Pressesprecher des DFB betonte, „der Wegfall der Trikotwerbung sei Langzeitziel," man könne es jedoch „den Vereinen ja nicht von heute auf morgen" zumuten, „aus ihren langfristigen Werbekontrakten auszusteigen"[14]. Von einer Reduzierung der Werbung konnte in den folgenden Jahren jedoch keine Rede sein. Bis 1979 hatten sämtliche Bundesligavereine einen Trikotsponsor, dessen Zahlungen aus dem Etat nicht mehr wegzudenken waren.

An den Konfliktlinien änderte sich bis Ende der 1980er Jahre wenig. Die Fußballvereine wurden nicht müde, auf die negativen Auswirkungen des Fernsehens für die Stadionbesuche hinzuweisen und mehr Geld von den Sendern zu fordern. Das Fernsehen protestierte seinerseits weiterhin gegen Werbeauswüchse in den Stadien und hielt die Ausgaben in mühsamen Verhandlungsrunden so niedrig wie möglich. Beide Parteien erblickten in der jeweils anderen den Sündenbock für unliebsame sozio-ökonomische Entwicklungen, die eigentlich auf einer übergeordneten Ebene angesiedelt waren. Zu nennen sind hier vor allem das veränderte Konsumverhalten der Zuschauer durch den allgemein gestiegenen Wohlstand sowie die Durchdringung zuvor nicht rein kommerziell organisierter Bereiche von Prinzipien der Vermarktung und Wirtschaftlichkeit aufgrund einer verschärften Wettbewerbssituation.

3. Seit 1988: Fußball als Fernseh-Event

Ende der 1980er Jahre veränderte sich das festgefahrene Verhältnis zwischen Fußball und Fernsehen binnen kürzester Zeit von Grund auf. Vorangegangen war ein Wandel auf politischer Ebene, der nach einer Reform der Rundfunkordnung zur Zulassung privater Sender führte. Waren entsprechende Initiativen zuvor vor allem an kulturkritisch motiviertem Widerstand (insbesondere der SPD) gescheitert, stellte der Regierungswechsel von 1982/83

---

[13] Vgl. Hamburger Morgenpost vom 5.9.1974: „Fernsehkrieg auf unserem Rücken. Millionen Fußball-Fans sind wütend".
[14] Frankfurter Allgemeine Zeitung vom 6.11.1974: „Die Glaubwürdigkeit des DFB".

die Weichen für grundlegende Veränderungen[15]. Der Durchbruch des privaten Fernsehens war Teil einer ersten Privatisierungswelle, die in den 1980er
Jahren nicht nur die Bundesrepublik, sondern alle westeuropäischen Länder
erfasste und in der sich das Erstarken eines neoliberalen Ordnungsmodells
manifestierte[16].

Auch für den Fußball galt: „Hatte sich in den Jahrzehnten zuvor medien-
politisch kaum etwas bewegt, beschleunigte sich nun die Entwicklung in
einem beinahe atemberaubenden Tempo."[17] Zwischen dem ersten Kabelpilot-
projekt als medienpolitischem „Urknall" im Januar 1984 und dem ersten
Bieter-Wettstreit um Fußball-Übertragungsrechte 1988 vergingen nur wenige
Jahre. Schnell hatten die privaten Sender das enorme Potential des Fußball-
sports für die Erschließung neuer Marktsegmente erkannt und waren bereit,
hohe Summen zu investieren. Obwohl früh bekannt geworden war, dass
die Bertelsmann-Tochter Ufa der Bundesliga 135 Millionen Mark für einen
Dreijahresvertrag geboten hatte – mehr als das Doppelte der bisher bezahl-
ten Summe –, schienen die öffentlich-rechtlichen Unterhändler die neuen
Konkurrenten zunächst nicht ernst zu nehmen. „Da [sie], nach 25 Jahren
Monopol, sich überhaupt nicht vorstellen konnten, daß der Fußball an die
Privaten gehen könnte, empfanden sie allein die Nachricht als ungehörig
und überflüssig."[18] Gerhard Mayer-Vorfelder, der damalige Vorsitzende des
DFB-Ligaausschusses und Präsident des VfB Stuttgart, machte jedoch in
einem Interview deutlich, dass die öffentlich-rechtlichen Sender nach all
den Jahren des Zwists wenig Solidarität von den Vereinen zu erwarten hatten:

„Die [ARD und ZDF] müssen endlich zur Kenntnis nehmen, daß sie in der neuen
Medienzeit nicht mehr das ius primae noctis haben, also nicht mehr automatisch als
erste berichten dürfen. Ich habe in den Verhandlungen mit ARD und ZDF Situationen
erlebt, bei denen ich dachte: Das gibt's doch nicht! Zum Schluß haben sie angeboten,
auf einen Teil der Erstrechte zu verzichten. Wohlgemerkt, zu verzichten – auf etwas,
was sie gar nicht mehr haben, von dem sie aber der unerschütterlichen Überzeugung
sind, daß es ihnen naturgegeben zusteht."[19]

---

[15] Vgl. Andreas Wirsching, Abschied vom Provisorium. 1982–1990, München 2006,
S. 445–452.
[16] Vgl. Anselm Doering-Manteuffel/Lutz Raphael, Nach dem Boom. Perspektiven
auf die Zeitgeschichte seit 1970, Göttingen 3., ergänzte Aufl. 2012, S. 64f.
[17] Wirsching, Abschied, S. 448.
[18] Der Spiegel vom 23.5.1988: „,Ich glaube, wir haben es geschafft'. Nach 25 Jahren
verliert das öffentlich-rechtliche Fernsehen sein Fußball-Monopol – die privaten
Sender kommen".
[19] So Gerhard Mayer-Vorfelder; Der Spiegel vom 23.5.1988: „Die müssen aus dem
Schmollwinkel"; das folgende Zitat findet sich ebenda.

Auch wenn es innerhalb der Bundesliga Bedenken gegen die Vergabe der Senderechte an das Privatfernsehen gab, da man zum einen eine „Übersätti-gung" der Zuschauer fürchtete und zum anderen die Exklusion derjenigen, die noch nicht „verkabelt" waren, setzten sich schließlich die Befürworter des großzügigeren Angebots durch. Wie weit sich diese Generation von Vereinspräsidenten bereits von Neudeckers Fernsehschelte der 1970er Jahre entfernt hatte und wie sehr Marktkategorien mit der Zeit zur leitenden Ratio geworden waren, zeigt beispielsweise die veränderte Ausdrucksweise der Fußballfunktionäre, allen voran Mayer-Vorfelder, die an die Sprache von Unternehmensberatern erinnert: „Die Ware Fußball, die von den Vereinen produziert wird, kommt auf einen größeren Markt. Und weil verstärkte Nachfrage die Preise nach oben drückt, ist das für den Anbieter der Ware Fußball natürlich umso interessanter." Zehn Jahre nach Uli Hoeneß' erstem unternehmerischen Vorstoß als Manager des FC Bayern München war eine neue Funktionärsgeneration an die Spitze der Bundeliga gekommen, die zwischen der Leitung eines Profi-Fußballvereins und eines gewöhnlichen Unternehmens keinen kategorischen Unterschied mehr erblickte.

Die Fußball-Übertragungsrechte gingen tatsächlich an die Ufa, und damit konnte der Sender RTL plus mit der Fußballshow „Anpfiff" der etablierten ARD-„Sportschau" Konkurrenz machen. Den endgültigen Durchbruch für das Privatfernsehen in der Bundesliga erreichte jedoch erst 1992 die Agentur ISPR, die dem Privatsender Sat 1 für etwa 100 Millionen Mark pro Saison die Bundesliga-Erstverwertungsrechte für fünf Jahre verkaufte[20]. Fortan be-richtete die Sendung „ran" auf Sat 1 zur alten Sendezeit der „Sportschau" samstags um 18.00 Uhr exklusiv von allen Bundesligabegegnungen und konnte sich dank ihrer Monopolstellung hohe Einschaltquoten sichern. Neu an der Sendung war erstens die Einführung von Werbeblöcken, die den Privatsendern zur Refinanzierung der hohen Ausgaben für die Fußball-Senderechte dienten. Zweitens setzten die Verantwortlichen auf mehr Tech-nik, und zwar sowohl in qualitativer wie in quantitativer Hinsicht. Damit wurde aber auch die Dramaturgie des Spiels weiter zugespitzt: mehr Kameras, mehr Wiederholungen, mehr Superzeitlupen. Auch wenn dies offiziell meist bestritten wurde, verfolgte das Privatfernsehen drittens eine Strategie der positiven Vermarktung. Es galt, das Produkt so gut wie möglich an die Zu-schauer und Werbekunden zu verkaufen; da verbot sich eine allzu kritische Berichterstattung von vornehrein. Werder Bremens Manager Willi Lemke störte die „unkritische TV-Seichtigkeit" wenig:

---

[20] Hierzu und zum Folgenden vgl. Großhans, Fußball, S. 69–73.

„Sie tut dem Fußball gut; die Plattform für unsere Show ist größer geworden. Ein Kommentator wie Jörg Wontorra hat uns bei Radio Bremen ewig Kopfschmerzen bereitet mit seiner provokanten, kritischen Nachfrage. Der gleiche Jörg Wontorra ist heute bei Sat 1 der Sonnyboy [sic!] der deutschen Fußballzuschauer, weil er den Fußball positiv darstellt. Sat 1 hat unheimlich viel Geld bezahlt und wäre ja bescheuert, die eigene Ware schlechtzumachen."[21]

Kritische Fußballjournalisten sahen die Aufbereitung des Fußballs im neuen Fernsehzeitalter weniger positiv und ließen alte Kassandrarufe hören:

„In den TV-Studios zerlegen Redakteure teure Fußballspiele wie der Schlachter das Rind. Die feine Ware wird verkauft, der Abfall zu Edelsalami zusammengerührt. Auf diese Weise komponieren sie das Spiel neu, peppen es modisch auf und flicken daraus [...] ein glitzerndes Werk aus ‚heiligen Nichtigkeiten'. Daß sie es verändern, sogar permanent verfälschen, stört weder Zuschauer noch Athleten: Eine neue Wirklichkeit entsteht, und das Abbild ist schöner, schneller, schillernder als das Original."[22]

Wie schon in den 1960er und 1970er Jahren führte die Kritik an der Darstellung jedoch keineswegs dazu, dass die Zuschauer sich vom Fernsehfußball abwandten, im Gegenteil. Vor allem bei den jüngeren Zuschauern erfreuten sich die neuen Sendeformate einer großen Beliebtheit.

Auch wenn das Fernsehen nicht als einzige Ursache der Veränderungen seit den 1990er Jahren gelten kann, so brachte der neue Geldsegen für die Vereine doch einen wichtigen Stein ins Rollen. Seit 1989 stieg die durchschnittliche Besucherzahl bei Bundesligapartien kontinuierlich an. Damit ließ sich aber auch die Behauptung nicht mehr halten, das Fernsehen stehle den Vereinen die Zuschauer. Es schienen sich nun im Gegenteil verschiedene Synergieeffekte einzustellen: Erstens verbesserte die positive Vermarktung im Fernsehen das durch Misswirtschaft, illegale Handgelder, lustlose Stars und Gewalt in den Stadien angeschlagene Image des Profifußballs. Zweitens standen den Vereinen nun endlich die Mittel für die Verpflichtung bekannter Spieler und die Modernisierung der Infrastruktur zur Verfügung. In den 1990er und 2000er Jahren kam es zu zahlreichen Stadionneu- und Umbauten, die sich wesentlich an den Bedürfnissen der verschiedenen Kundengruppen (Fernsehen, Sponsoren, Zuschauer) orientierten. Überlegungen zu Akustik und Choreographie sowie die Erkenntnis, dass die aktive Beteiligung der Zuschauer ausschlaggebend für eine gute Stimmung im Stadion (und damit auch auf dem Bildschirm) ist, führten dazu, dass man die neuen

---

[21] Der Spiegel vom 7. 3. 1994: „‚Raus aus dem Dschungel'. Werder Bremens Manager Willi Lemke über Vermarktung und Solidarität in der Bundesliga".
[22] Der Spiegel vom 2. 1. 1995: „Die erigierte Freude".

Stadien kleiner und geschlossener konzipierte[23]. Durch ein ausgedehntes Rahmenprogramm sowie diverse Service- und Gastronomiebereiche wurde das Stadion nach dem Vorbild von Vergnügungsparks zur „Erlebniswelt" stilisiert, die mindestens so aufregend sei wie das Fernsehereignis Fußball. Drittens lösten sich durch die gemeinsame Vermarktungsstrategie von Fußball- und Fernsehverantwortlichen sämtliche Blockaden gegenüber Werbung und Sponsoring, deren Potential so weit wie möglich ausgeschöpft wurde. Beide Seiten begrüßten, dass Werbung zum integralen Bestandteil der Inszenierung wurde, denn Werbekunden finanzierten letztendlich einen Großteil der Show. Bei Unternehmen war das Sportsponsoring seit langem beliebt, da es dazu beitrug, die eigene Marke zu emotionalisieren und mit bestimmten positiv besetzten Werten wie Erfolg und Leidenschaft zu verknüpfen. Rund um den Fußball als populärster Sportart der Deutschen scharten sich viele der wichtigsten Unternehmen, die nun davon ausgehen konnten, auch auf dem Bildschirm im rechten Licht präsentiert zu werden. Viertens glichen sich auch die Führungsstrukturen der Fernseh- und Fußballunternehmen an: Hatten in den Vereinen bis in die 1990er Jahre hinein die Mitgliederversammlungen noch Einfluss auf wichtige Entscheidungen, und war den öffentlich-rechtlichen Sendern von Staats wegen durch ihren Bildungs- und Informationsauftrag das gewinnorientierte Arbeiten untersagt, so nahmen kommerzielles Fernsehen und kommerzialisierter Vereinsfußball die Gestalt von Wirtschaftsunternehmen an. Wie in anderen Branchen führten nun Management- und Marketingexperten die Geschicke des „Betriebs" und sorgten für die Optimierung der Geschäftsstrategien. Nicht zuletzt war es diese Ähnlichkeit der Strukturen und der Sprache, welche die ökonomisch äußerst erfolgreiche Partnerschaft zwischen Fußball und Privatfernsehen begründete.

In europäischer Perspektive war die deutsche Entwicklung kein Sonderfall. Zwar gab es in Italien bereits in den frühen 1980er Jahren ein Netz aus zahlreichen kommerziellen Lokalsendern, die intensiv über den italienischen Ligabetrieb berichteten, jedoch markierten in den meisten anderen westeuropäischen Ländern die Jahre um 1990 den Umbruch in der Fußball- und Medienwelt.

Nicht alle Fußballfans (und auch nicht alle Vereinsverantwortlichen) werteten diese Entwicklungen als Erfolg. Aus Ablehnung der Kommodifizierung des Fußballs wurden in den späten 1980er und 1990er Jahren zahlreiche

---

[23] Vgl. Rod Sheard, The Stadium. Architecture for the New Global Culture, Hongkong 2005, S. 111.

Initiativen gegen den „Ausverkauf" des Sports gegründet, die teilweise sogar Einfluss auf die Verbands- und Vereinspolitik nehmen konnten[24]. Vor allem kleinere Vereine sahen und sehen ihre Existenz durch das Prinzip des ökonomischen Wettbewerbs bedroht, da daraus schnell ein Teufelskreis entstehen kann: Bei einem kleinen Budget fehlt den Vereinen das Geld für exzellente Spieler, die wiederum Zuschauer, Sponsoren und Fernsehkameras anziehen und damit die Kassen füllen. Zahlreiche Beispiele zeigen außerdem, dass auch Fernseh- und Sponsorengelder nicht vor Misswirtschaft und Verschuldung schützen.

4. Fazit

Im Rückblick scheint die Zäsur um 1990 der Dreh- und Angelpunkt der gemeinsamen Geschichte von Fußball und Fernsehen zu sein. Dieser Bruch markiert Verspätung und Vorreiterschaft zugleich: Die Verspätung kam dadurch zustande, dass es den Fußballvereinen lange Zeit nicht gelang, sich an die Konsum- und Freizeitgewohnheiten anzupassen, die sich in den goldenen Jahren des „Wirtschaftswunders" herausgebildet hatten. Dadurch entstand eine Negativspirale aus rückläufigen Zuschauerzahlen, fehlenden Einnahmen und verschlechtertem Angebot, aus der sich die Vereine nicht aus eigener Kraft befreien konnten. Da der Fußball mehr oder weniger schon zu den Verlierern der Wohlstandsgesellschaft gehörte, führte das Ende des Booms seit Mitte der 1970er Jahre nicht zu einer neuen Entwicklung, sondern verstärkte zunächst die vorhandenen Niedergangstendenzen. Das Fernsehen war als staatlich geschützte Institution weitgehend immun gegen konjunkturelle Schwankungen, weshalb die ökonomisch-gesellschaftliche Krise der 1970er und 1980er auch hier zunächst nicht zu strukturellen Veränderungen führte.

Um zu verstehen, warum der Profifußball um 1990 vom Symbol für den Niedergang der alten Industriegesellschaft zum Vorreiter einer ungezügelten Medialisierung und Kommerzialisierung avancierte, müssen mehrere Faktoren in den Blick genommen werden: Erstens hatte aufgrund der Missstände in den 1970er und vor allem in den 1980er Jahren die Bindekraft der Vereine als Identitätsfaktor abgenommen. Der Widerstand von Zuschauern und Fans gegen eine konsumentenorientierte Veränderung des Spiels war gegen Ende der Dekade daher denkbar niedrig. Erst im Laufe der 1990er Jahre –

---

[24] Vgl. Ballbesitz ist Diebstahl. Fans zwischen Kultur und Kommerz, hrsg. vom Bündnis Aktiver Fußballfans, Göttingen 2004.

als Reaktion auf bereits stattfindende Umstrukturierungen – wurde der Protest gegen Ausverkauf und Kommerzialisierung zum Leitmotiv engagierter Fangruppierungen. Wichtig war, zweitens, eine neue Generation von Vereinsfunktionären, die Zeitpunkt und Ausmaß des Umbruchs entscheidend beeinflussten. Es war dabei keineswegs selbstverständlich, dass sie die Chance ergreifen würden, die das Privatfernsehen bot, schließlich waren Aversionen gegen das Fernsehen und den Primat der Wirtschaftlichkeit traditionell in den Führungsetagen der Vereine tief verwurzelt. Ende der 1980er Jahre bildete jedoch die Zahl derer, die auf größere Rentabilität und Kundenfreundlichkeit drängten, eine kritische Masse, sodass Traditionalisten und Nostalgiker strukturelle Reformen nicht mehr verhindern konnten. Dieser Umstand weist auf einen übergeordneten dritten Faktor hin: Sowohl die Privatisierung des Fernsehens als auch die Entscheidung tonangebender Fußballfunktionäre für eine offensive Vermarktung zeugen vom Durchsickern eines am Markterfolg orientierten Denkmodells in Lebensbereiche, die zuvor nicht primär an ökonomischen Kriterien ausgerichtet waren.

Das hier entfaltete Beispiel untermauert somit die These, dass jenes Denken in den 1990er Jahren seine formative Kraft entfaltete. Fernsehen und Profifußball repräsentieren zwar nur einen Ausschnitt dieser Entwicklung, jedoch lassen sich hier im Kleinen jene Ambivalenzen studieren, die unsere Gegenwart durchziehen. Denn einerseits handelte es sich bei der forcierten Vermarktlichung um eine Reaktion auf hausgemachte Verkrustungen und lange aufgeschobene Probleme, andererseits warfen die Veränderungen insbesondere der 1990er Jahre neue Fragen nach den Folgen, Grenzen und Entfremdungspotenzialen der Symbiose von Fußball und (Privat-)Fernsehen auf.

DIE 68ER-BEWEGUNG VERÄNDERTE DIE WAHRNEHMUNG DES POLITISCHEN

Ingrid Gilcher-Holtey (Hrsg.)

„1968" –
Eine Wahrnehmungs-
revolution?

Horizont-Verschiebungen
des Politischen in den 1960er und
1970 Jahren

Oldenbourg Verlag

Ingrid Gilcher-Holtey (Hrsg.)
„1968" - Eine Wahrnehmungsrevolution?
Horizont-Verschiebungen des Politischen
in den 1960er und 1970er Jahren
2013. 138 Seiten, Broschur
€ 16,80

Zeitgeschichte im Gespräch, Band 16
ISBN 978-3-486-71872-0

Ist die 68er-Bewegung „kulturell erfolgreich" gewesen, aber „politisch gescheitert"? Die sechs Studien des Bandes loten die Strukturveränderungen und Grenzverschiebungen des Politischen in den 1960er und 1970er Jahren aus, um die Wirkungen der 68er-Bewegung zu erfassen. Sie wenden sich dem Theater als potentiellem Medium der Inszenierung des Politischen zu, dem Fernsehen als Vermittler und Akteur gesellschaftlicher Proteste, dem „Kursbuch" als Forum der Protestbewegung, ausgewählten Zeitungsredaktionen als Möglichkeitsräumen, der Geschichte einer 1968 geschaffenen Gegeninstitution sowie den andauernden Deutungskämpfen um die „wahre" Erinnerung an „68".

Ingrid Gilcher-Holtey ist Professorin für Allgemeine Geschichte unter besonderer Berücksichtigung der Zeitgeschichte an der Universität Bielefeld.

Ab Herbst 2013 werden die Titel aus dem Oldenbourg
Wissenschaftsverlag und dem Akademie Verlag
bei De Gruyter auch als eBook und Bundleausgabe
(Print + eBook) angeboten.

DE GRUYTER
OLDENBOURG

Find us on
Facebook

www.degruyter.com/oldenbourg

Tobias Dietrich

Laufen als Lebensinhalt
Körperliche Praxis nach dem Boom

1. Krisenbewältigung oder Aufbruch?

„Die Geschichte des 20. Jahrhunderts war seit 1973 die Geschichte einer Welt, die ihre Orientierung verloren hat und in Instabilität und Krise geschlittert ist." Mit diesen Worten stellte der 2012 verstorbene Historiker Eric Hobsbawm den 1970er Jahren ein Armutszeugnis aus. Mit seiner Beobachtung stand er nicht allein. Andreas Killen konstatierte, 1973 hätten die USA einen „nervösen Zusammenbruch" erlebt, dem – so Philipp Jenkins – eine „Dekade von Alpträumen" gefolgt sei, die die transatlantischen Gesellschaften an die Grenzen des Wachstums geführt habe[1]. Die Wirtschaftsgeschichte belegt das Ende des Booms[2], während in der Sozial-, Politik- und Kulturwissenschaft die Frage des gesellschaftlichen Wandels diskutiert wird. In den USA und Westeuropa verlangsamte sich das wirtschaftliche Wachstum, der Konsum verharrte jedoch auf hohem Niveau. Die pessimistische Sozialgeschichtsschreibung über die 1970er Jahre erklärt, dass es infolge der ökonomischen Veränderungen zu Umbrüchen und Neuorientierungen und in deren Folge zu einer verschärften sozialen Ungleichheit gekommen sei. Der Sozialstaat und mit ihm etwa das Gesundheitswesen sei in eine folgenschwere Krise geraten[3]. Neue Überlegungen zur Zeitgeschichte nach dem Boom verweisen dagegen vor allem auf Sinnstiftungsprozesse sowie auf die Frauen- oder Umweltbewegung und betonen den Aufbruchcharakter der Jahre seit 1973. Traten neue Lebensinhalte an die Stelle der alten? Und welche Rolle spielte dabei der Sport?

„War das Laufen früher ein kleines Beiwerk, so ist es jetzt ein Lebensinhalt geworden", stellte 1975 ein Redakteur der Läuferzeitschrift „Spiridon"

---

[1] Eric Hobsbawm, Das Zeitalter der Extreme. Weltgeschichte des 20. Jahrhunderts, München ⁶2003, hier S. 503; Andreas Killen, 1973. Nervous Breakdown. Watergate, Warhol, and the Birth of Post-Sixties America, New York 2006; Philip Jenkins, Decade of Nightmares. The End of the Sixties and the Making of Eighties America, Oxford u. a. 2006.

[2] Vgl. Hartmut Kaelble (Hrsg.), Der Boom 1948–1973. Gesellschaftliche und wirtschaftliche Folgen in der Bundesrepublik Deutschland und in Europa, Opladen 1992.

[3] Vgl. Anselm Doering-Manteuffel/Lutz Raphael, Nach dem Boom Perspektiven auf die Zeitgeschichte seit 1970, Göttingen 3., ergänzte Aufl. 2012; zum Folgenden vgl. ebenda, S. 101.

fest[4]. Dieses Magazin beschäftigte sich mit einer 1967 neu entstandenen körperlichen Praxis, für die sich zunächst nur wenige Anhänger begeisterten, deren Protagonisten aus der westdeutschen und amerikanischen Mittelschicht jedoch bereits wenige Jahre später nach Millionen zählten. Die Geschichte des vermeintlichen Nischenphänomens Jogging thematisiert die neue körperliche Praxis und ihre zeitgenössischen Interpretationen seit den 1970er Jahren.

Bislang liegen nur wenige Studien zur Körper- und Sportgeschichte für die Jahre nach dem Boom vor[5]; auch die Geschichte des Joggings haben Historiker bislang noch nicht erzählt. Dieser Beitrag setzt mit der Erfindung des Joggings ein und gibt anschließend einen kurzen Überblick über die Entwicklung dieser sportlichen Übung, um dann die Motive der Jogger zu untersuchen. Analysiert man deren Beweggründe, so lassen sich Vermutungen dazu äußern, ob sie das Laufen als Ausweg aus einer Krise oder als tatsächlichen Aufbruch verstanden. Wenn man die so gewonnenen Hypothesen in den Kontext der Debatte um die „sexualization of running" stellt[6], lässt sich ihre Tragfähigkeit testen. Denn dabei geht es nicht um die Selbstwahrnehmung der Läufer, sondern um ihre Position zu einem Thema, das eine breite Öffentlichkeit in den 1970er Jahren beschäftigte. War ihre Selbsteinschätzung in Bezug auf die Debatten um die „sexuelle Revolution" eher optimistisch oder pessimistisch?

2. Die Erfindung des Joggings

Der Journalist Kolja Kater äußerte in seinem 1979 erschienenen Buch „Jogging" den Verdacht, diese sportliche Praxis trage „alle charakteristischen Merkmale einer Welle und damit den Keim von Flaute und einprogrammiertem Ende in sich"[7]. Dass er Unrecht hatte, ist heute unbestritten. Das Jogging entwickelte sich zu einer weit verbreiteten körperlichen Praxis, ohne jedoch die Popularität von Volkssportarten wie Baseball in den USA oder Fußball in Deutschland zu erreichen. Mit Hilfe eines von Markus Lamprecht und Hanspeter Stamm entwickelten Modells[8] lässt sich die Geschichte

---

[4] Spiridon 2/1975, S. 33.
[5] Vgl. Wolfgang Behringer, Kulturgeschichte des Sports. Vom antiken Olympia bis ins 21. Jahrhundert, München 2012, S. 271–402.
[6] The Runner vom November 1979, S. 69.
[7] Kolja Kater, Jogging. Gesund und fit durch Laufen, Frankfurt a. M. 1979, S. 45.
[8] Vgl. Markus Lamprecht/Hanspeter Stamm, Vom avantgardistischen Lebensstil zur Massenfreizeit. Eine Analyse von Entwicklungsmustern von Trendsportarten, in: Sportwissenschaft 28 (1998), 370–387.

des Laufsports gut erzählen. Die beiden Sportsoziologen erkannten beim Vergleich mehrerer Trendsportarten eine Abfolge von fünf typischen Phasen. Auf die Erfindung folge die Zeit der Innovation, dann entfalte sich die neue Sportart, die schließlich organisatorisch etabliert sowie massenmedial rezipiert werde und unterschiedliche Subpraktiken ausbilde. Am Ende seien Sättigung und Niedergang zu konstatieren. Diesen Merkmalen gehen Lamprecht und Stamm nach, indem sie Kommerzialisierungs- und Organisationsgrade beachten sowie Kennzeichen und Träger der Sportart ermitteln. Da sich das Jogging in wenigen Jahren zu einer populären Praxis entwickelte, liegt es nahe, seine Geschichte als die einer Trendsportart zu schreiben.

„Das Jogging wurde nicht in Amerika erfunden, sondern 1947 in Waldniel, einem kleinen Städtchen in der Nähe von Mönchengladbach, wurde dann als ‚amerikanisch' ausgegeben und in Deutschland Traben genannt."[9]

Mit diesen Worten wies Ernst van Aaken 1984 selbstherrlich darauf hin, dass er das Jogging erfunden habe. Überschätzte der deutsche „Laufarzt" damit seine eigene Rolle ebenso wie er die Chronologie verzerrte, so widersprach er zurecht der populären Ansicht, diese körperliche Praxis stamme aus den Vereinigten Staaten. Vielmehr übten einzelne Sportler um den Neuseeländer Arthur Lydiard eine Trainingsform, welche sich von früheren Übungsformen dadurch unterschied, dass sie längere Distanzen im Bereich der anaeroben Atmung zurücklegten, um ihre Bewegungsausdauer zu verbessern. In den 1960er Jahren bildete Lydiard interessierte Übungsleiter fort, unter ihnen auch William J. Bowerman, einen Leichtathletiktrainer aus Oregon. Dieser schrieb wie Lydiard selbst einen Laufratgeber, der sich besonders gut verkaufte, weil er Lydiards System vereinfachte und ein „Lauftraining für jedermann" entwarf. Bowerman publizierte zusammen mit dem Arzt Waldo E. Harris „das erste ‚Jogging'-Buch mit genau diesem Titel". Es erschien erstmals 1967, und damit kam ein Begriff in die Welt, der sich zuvor in keinem Sportlexikon nachweisen lässt[10].

Zwischen 1968 und 1974 entwickelte sich das Jogging dynamisch und innovativ. Im Zentrum einer Trendsportentwicklung – so Lamprecht und Stamm – steht das Sportgerät, im Falle der Laufbewegung der Schuh. Erstmals 1968 brachte die Firma Nike einen solchen auf den Markt, den sie speziell für den Jogger entwickelt hatte. Phil Knight zeichnete aus betriebswirtschaftlicher Sicht für den Joggingschuh „Cortez" verantwortlich, die

[9] Ernst van Aaken, Das van Aaken Lauflehrbuch, Aachen 1984, S. 22.
[10] Vgl. Wiliam Bowerman/Waldo Evan Harris, Jogging, New York 1967.

technische Innovation überließ er dem Mann, der ihn während seines Studiums trainiert hatte: William Bowerman.

Schon in diesen frühen Jahren zeichnete sich ab, was die folgenden Phasen technologisch und wirtschaftlich charakterisierte: die Konkurrenz von Adidas und Nike um die Läufer als Kunden. So setzte der Herzogenauracher Konzern dem zunächst noch in kleinem Umfang in Lizenz produzierten Schuh aus Portland ein eigenes Modell, den „Achill", entgegen. Traten mit Adi Dassler und Phil Knight neue „Tüftler" auf, so blieben publizistisch doch die Inventoren der Joggingbewegung maßgeblich. Neben Bowermans Buch wurde Lydiards Publikation beachtet, daneben veröffentlichte van Aaken viele Zeitschriftenaufsätze. Doch alle diese Texte verblassten, nachdem der amerikanische Militärarzt Kenneth Cooper sein Buch vorgelegt hatte[11]. Cooper knüpfte an die Popularität des Joggings an und versah das Ausdauertraining mit einer metrischen Exaktheit, wodurch er den Dauerlauf unter dem Titel „Aerobics" zur messbaren und vergleichbaren Leistung des laufenden Selbst machte.

Zunächst blieben die Läufer noch ein kleiner Kreis, wie etwa die niedrigen Auflagen der einschlägigen Magazine belegen. Auch die Mitgliederzahlen der ersten Interessengemeinschaften verharrten zunächst auf niedrigem Niveau. Dennoch näherten sich schon jetzt staatliche Institutionen zur Gesundheitsförderung und Experten für die Praxis einander an. 1968 rief der oberste Militärmediziner der USA, Generalleutnant Richard Bohannon die *National Jogging Association* mit dem Ziel ins Leben, für das gesundheitsfördernde Laufen zu werben. Gerade diese frühzeitige gouvernementale Organisationsform trug nebst der auf Cooper zurückgehenden Messbarkeit dazu bei, dass das Jogging bis heute eine Massenbewegung geblieben ist.

Noch nahmen sich die Jogger als *Insider* wahr[12]; Kontakte zu Spitzensportlern blieben selten. Umgekehrt interessierten sich Olympiasieger und erfolgreiche Marathonsieger erst für die Jogger, nachdem sie von Interessengruppen oder Verlegern um Rat gebeten worden waren. Der publizistische Markt, der auf diese Weise nach 1974 entstand, lebte vom Engagement zahlreicher Spitzenläufer, die ihre eigenen Trainingserfahrungen darlegten. Als Bindeglied zwischen Joggern und Leichtathleten fungierte etwa Frank Shorter, der 1972 als erster US-Amerikaner bei den olympischen Spielen die Goldmedaille im Marathonlauf gewonnen hatte. Eine ähnliche Rolle

[11] Vgl. Kenneth H. Cooper, Bewegungstraining. Praktische Anleitung zur Steigerung der Leistungsfähigkeit, Frankfurt a.M. 1971.
[12] Vgl. Günter Scharf/Gusthelm Schläbitz, Interessengemeinschaft (älterer) Langstreckenläufer. Die Geschichte unseres Verbandes, Remscheid 2001.

spielte wenige Jahre später Steve Prefontaine, der nach seinem frühen Unfalltod 1975 zu einer Leit- und Märtyrerfigur der amerikanischen Laufszene wurde. Vergleichbar erfolgreiche Vorbilder fehlten in der Bundesrepublik. Der ostdeutsche Ausnahmeläufer Waldemar Cierpinski fand im Westen wenig Beachtung.

3. Der Läuferboom

Als Anhaltspunkt für die beginnende Entfaltung der Laufbewegung kann der 200. Geburtstag der Vereinigten Staaten betrachtet werden. Am 4. Juli 1976 feierten mehr als sechs Millionen Amerikaner in New York gemeinsam den Unabhängigkeitstag. Dabei organisierte der *Road Runners Club of New York* einen Marathonlauf, an dem – angeführt von Frank Shorter – 2089 Personen teilnahmen[13].

Ein Blick auf die Bundesrepublik zeigt, dass sich die Laufbewegung hier noch dynamischer entwickelte. 1974 wurde erstmals der Berliner Stadtmarathon durchgeführt. Neben diesem Event für die Laufelite organisierten Einzelpersonen in loser Verbindung mit dem Deutschen Sportbund Veranstaltungen für Jogger ohne große Wettkampfambitionen. 1974 fanden sich um Enzio Busche 70 Läufer in Dortmund zusammen, im August des gleichen Jahres gründete Walter Schwebel den später größten und bekanntesten deutschen Lauftreff in Darmstadt[14]. Doch nicht nur auf diesen Wegen avancierte das Jogging zu einer überaus beliebten körperlichen Praxis. Eine fast noch größere Rolle spielte die Publizistik. Der amerikanische Journalist und Ausdauerläufer James Fixx schrieb 1977 das in den 1970er Jahren meistverkaufte Buch zum Thema Dauerlauf[15]. Die wenigen vor 1970 gedruckten Szeneblätter erhielten nun Konkurrenz von neuen Hochglanzmagazinen. Der Läufer als Leser erhielt vermehrt Aufmerksamkeit. Noch mehr Beachtung wurde ihm freilich als Konsument zuteil. So stellten die Redakteure der Läuferzeitschrift „Spiridon" retrospektiv fest, dass 1976 die „eigentliche kommerzielle Jogging-Welle" eingesetzt habe[16]. „Die hohen Margen weckten das Interesse der traditionellen Sportindustrie, die ebenso

---

[13] Der Veranstalter weist darauf hin, dass 1970 erstmals ein Marathon mit 55 Teilnehmern veranstaltet worden sei. 1976 sei man aber quer durch die New Yorker Innenstadt gelaufen anstatt nur durch den Central Park; www.nyrrc.org/nyrrc/mar01/about/history.html.

[14] Vgl. Spiridon 1/1977, S. 6f.

[15] Zwei Jahre später erschien der Bestseller in deutscher Sprache: James F. Fixx, Das komplette Buch vom Laufen, Frankfurt a. M. 1979.

[16] Spiridon 1/1981, S. 32.

wie die Massenmedien und die Werbebranche auf die Trendsportart aufmerksam wurden"[17].

Wirtschaftlich führte nach dem Tode Adi Dasslers sein Sohn und Erbe Horst den Kampf um die technische Innovation, die vom Dämpfungssystem Air über Torsion und Adiprene zur Asics-Geldämpfung führte; Anfang der 1980er Jahre war das Innovationspotential nahezu ausgeschöpft. Seitdem spielte das modische Design des Laufschuhs eine zunehmend wichtigere Rolle, was sich bis heute unschwer an jährlichen Neuauflagen, etwa des Asics-Modell „Kayano", ablesen lässt. Das Jogging konstituierte von nun an einen globalen Markt mit Hauptakteuren in den USA, Deutschland (neben adidas Brütting) und Japan.

1978 publizierte der „Spiegel" einen Leitartikel zum Thema Laufen, Fernsehsendungen, die sich damit beschäftigten, folgten. Die Laufratgeber der Erfindergeneration erhielten in dieser Zeit massive Konkurrenz durch Autoren, die entweder als Publizisten eine rege Nachfrage befriedigen wollten oder als erfahrene Läufer ihre Autobiographien vorlegten. Dieses wachsende Interesse an der Selbstbetrachtung ging einher mit der Verwissenschaftlichung der Laufbewegung. Soziologen begleiteten Veranstaltungen der Läufer als teilnehmende Beobachter, noch stärker wandten sich Mediziner den positiven und negativen Seiten des Joggings zu, nachdem sie ihre Anfang der 1970er Jahre begonnenen empirischen Erhebungen abgeschlossen hatten.

Neben diesen Entwicklungen, die in Zeitschriften fassbar sind, stehen mikroskopische Befunde, die zeigen, wie tief das Jogging die Gesellschaft bis zum Ende der 1970er Jahre durchdrungen hatte. Nicht nur in Berlin und Boston organisierte man Laufveranstaltungen. Auch in Freudenstadt und Framingham fanden Rennen und Lauftreffen statt. Insgesamt verfestigten sich die in den 1970er Jahren entstandenen Strukturen der Laufbewegung im folgenden Jahrzehnt. Dennoch ging die Zahl der Läufer – zumindest die Zahl der Teilnehmer am Berlin-Marathon – Anfang der 1990er Jahre zurück. Endete ein Trend? Dafür spricht wenig. Vielmehr neigte sich eine erste Konjunktur dem Ende zu, die anschließend auf höherem Niveau ihre Fortsetzung fand. Anhaltspunkte dafür lieferten nicht nur die laufenden Spitzenpolitiker Bill Clinton und Joschka Fischer. Noch mehr zeigt dies die bis in die jüngste Gegenwart hohe Teilnehmerzahl an Laufveranstaltungen. Ferner kann die Selbsthistorisierung der Akteure aus den frühen 1970er Jahren als Beleg dafür gelten, dass die Traditionsbildung den Fortbestand dieses Sports

<hr />

[17] Lamprecht/Stamm, Lebensstil, S. 381.

unterstützte. So lässt sich mit Marc Bloom schlussfolgern, dass auf den ersten ein zweiter Läuferboom folgte[18], der bis in die Gegenwart anhält.

4. Beweggründe und Selbstverständnis der Läufer

„Schlank, schick, schön", dies seien die Motive, weshalb Läufer laufen würden, stellte Kolja Kater Ende der 1970er Jahre fest[19]. Dieses Resümee legt es nahe, die Aktivität der Läufer mit medizinischen, modischen und ästhetischen Motiven zu begründen. Im Einzelnen können Laufratgeber, Umfrageergebnisse oder Kontaktanzeigen Aufschluss über die Motive der Läufer geben. James Fixx setzte lapidar voraus, dass „Laufen Spaß machen" müsse. Ähnlich wie die meisten zeitgenössischen Ratgeberautoren betonte er als Hauptbeweggrund, dass das Laufen ein Mittel gegen Zivilisationskrankheiten sei. Darüber hinaus könne es neun weitere psychische Bedürfnisse erfüllen, angefangen beim Bewegungsdrang über das Bedürfnis, in etwas aufzugehen, das größer sei als man selbst bis hin zum „Bedürfnis, nach unserem eigenen Rhythmus zu leben"[20]. Die hohe Verkaufszahl seines Buchs belegt gleichwohl das Interesse der Läufer, ihrer Praxis einen tieferen Sinn zu verleihen. National durchgeführte Umfragen aus den Jahren 1973 und 1984 bestätigten Fixx' Überlegungen. Allgemein bekundeten etwa die 2077 vom Meinungsforschungsinstitut Emnid zu Beginn der 1970er Jahre befragten westdeutschen Freizeitsportler, dass sie sich bewegen würden, weil dies gut für die Gesundheit sei (35 Prozent), „Ausgleich, Entspannung, Abwechslung" ermögliche (15 Prozent) sowie dazu beitrage, „fit, jung und schlank" zu bleiben (17 Prozent). Ähnliche Angaben machten die 1984 im Auftrag des Getränkekonzerns Perrier befragten US-Amerikaner. Diese Resultate sind allerdings nur mit Vorsicht zu genießen, ließen doch die Antwortmöglichkeiten kaum gedankliche Spielräume zu[21].

Eine wichtige, aber seltene Informationsquelle sind Umfragen, die Übungsleiter zu ihrer eigenen Orientierung ohne Publikationsabsicht unter Teilnehmern eines Lauftreffs durchführten. Zwar konnten die Akteure auch hier nicht frei antworten, sondern hatten in den Kategorien der Fragebogen-

[18] Vgl. Marc Bloom, The Second Boom, in: Runner's World 32 (1997) H. 9, S. 66–72.
[19] Kater, Jogging, S. 17.
[20] Fixx, Buch vom Laufen, S. 36–63.
[21] Vgl. Freizeit und Breitensport, hrsg. vom Emnid-Institut, Bielefeld 1973, sowie Fitness in America – the Perrier study. A national research report of behavior, knowledge, and opinions concerning the taking up of sports and exercise, durchgeführt von Louis Harris and Associates, New York 1984.

autoren zu denken, die aber keine übergeordneten organisatorischen oder unternehmerischen Interessen verfolgten. Deshalb standen sie mit ihren Antwortkategorien den laufenden „Laien" besonders nahe. Dies gilt etwa für eine 1976 im Rahmen des Darmstädter Lauftreffs durchgeführte Befragung von rund 200 Joggern.

Seit August 1974 fand der Darmstädter Lauftreff regelmäßig statt, wobei durchschnittlich 50 bis 60 Personen an der Veranstaltung teilnahmen, die überwiegend der Mittelschicht angehörten: „,Büromenschen', Hausfrauen und Väter mit und ohne ihre Kinder, Studenten und Pensionäre."[22] Die Läufer teilten sich in vier Gruppen auf, die anschließend in einer Stunde zwischen sechs und 12 Kilometer zurück legten. Im Schnitt waren die 112 Männer und 81 Frauen, die Angaben machten, 37,7 Jahre alt[23]. Aus acht vorgegebenen Motiven sollten die Läufer eines oder mehrere für sich auswählen (Angaben in absoluten Zahlen):

	Männer	Frauen	Gesamt
Bewegungsmangel vorbeugen	83	43	126
Ausgleich Beruf/Alltag	82	40	122
sportlich fit bleiben	60	35	95
an der frischen Luft sein	44	44	88
Freude an der Bewegung	34	37	71
Übergewicht abbauen	27	15	42
fit werden	21	19	40
Spaß/Geselligkeit	14	9	23

Männer favorisierten den Wunsch, Bewegungsmangel auszugleichen und wollten „fit bleiben". Für Frauen war es ebenfalls besonders wichtig, dem Mangel an Bewegung vorzubeugen. Damit nannten beide Geschlechter ein therapeutisches Motiv für ihren Sport. Die Läuferinnen bevorzugten freilich noch mehr als die Läufer das eindeutige Ziel, Bewegungsmangel abzubauen gegenüber dem diffusen Verweis auf das neue körperliche Leitbild Fitness. Offen bleibt vor diesem Hintergrund, inwiefern Mehrfachnennungen tautologischen Charakter besitzen oder ob die Befragten eine begriffliche Diffe-

---

[22] Darmstädter Echo vom 30. 8. 1974.
[23] Archiv des Darmstädter Lauftreffs, Bestand Ordner I, Organisationspapier vom August 1974. Hier findet sich die Auswertung der Umfrage vom 9. 12. 1976; die Daten wurden im September und Oktober erhoben.

renzierung vornahmen. Auffallend ist, dass das „fit bleiben" mehr Bedeutung hatte als das „fit werden". Dies legt den Schluss nahe, dass die Jogger sich der Tatsache bewusst waren, dass für die Fitness das kontinuierliche Training eine besondere Rolle spielte. Zum Lauftreff kam vor allem, wer seine Kondition steigern wollte, weniger, wer aus therapeutischen Gründen zu laufen begann.

Einige der Teilnehmer unterschieden sich von der Mehrzahl signifikant durch ihren Trainingsanspruch. Sie erkämpften sich Laufabzeichen und meldeten sich zu Wettbewerben. Gerade aus den Lauftreffs gingen Akteure hervor, die nach längerem Training an Stadtläufen teilnahmen. Aus Trainingsläufern wurden mitunter passionierte Wettkämpfer, die das Niveau derjenigen erreichten, die den Lauftreff leiteten. Zu einem regelrechten Profi stieg aber keiner von den Darmstädter Joggern auf. In diesem Zusammenhang stellte der Leiter des Lauftreffs, Dieter Schwebel, 1977 fest, dass Spitzenleistungen zwar bewundert, aber auch die „Lust am persönlichen Versuch" nehmen würden[24].

122 Läufer erachteten es für bedeutsam, im Joggen einen Ausgleich zum täglichen Leben zu finden. Zudem genossen es zahlreiche Befragte – Frauen dabei weit mehr als Männer – „an der frischen Luft" zu sein. Neben dem Gesundheitsmotiv war offensichtlich ein weiterer Beweggrund für das Laufen ausschlaggebend: Teilnehmer an einer Umfrage der Zeitschrift „Runners World" beschrieben 1974 ihre Lust am Dauerlauf als das Gefühl, der Körper würde in der Umgebung aufgehen. Dieser Gedanke, von William Glasser 1976 als „Positive Addiction" beschrieben, betonte den positiven Erlebnischarakter des Laufens[25]. Darauf zielten die Lauftreffteilnehmer ab. Sie wollten die Flexibilisierung ihres Körpers und das selbstbestimmte Agieren in der Natur erleben.

Dagegen betonten nur 23 Sportler ihren Wunsch nach Spaß und Geselligkeit. Strebten die Läufer nach Individualisierung? Augenscheinlich betrachteten die Teilnehmer des Lauftreffs ihre Praxis als ernste Sache, die man in sich gekehrt betreiben wollte. Gleichwohl nahmen sie an einer Gruppenaktivität und an der Befragung teil. Sie gehörten als Läufer zu einer Gemeinschaft, der das Geselligkeitserlebnis während des Laufens nicht wichtig war. Das Erleben von Zusammengehörigkeit vor und nach der sportlichen Praxis spielte dagegen eine erhebliche Rolle, wie das vielfältige Angebot des Darm-

---

[24] Archiv des Darmstädter Lauftreffs, Bestand Ordner I, Memorandum „Die ‚andere' Leichtathletik" vom März 1977.
[25] Vgl. William Glasser, Positive Addiction, New York 1976.

städter Lauftreffs zeigt[26]. Bestärkt wird dieser Wunsch nach Vergemeinschaftung auch in den Kontaktanzeigen, die deutsche Läuferzeitschriften
veröffentlichten: „Ultralangstrecklerin, 55 Jahre, 1,74 m, lebhaft und heiter,
nicht ganz anspruchslos, wünscht sich gesunden Partner – nicht nur zum
Laufen". Oder: „Wer läuft mit mir durch das Leben? Junger, gut aussehen-
der Mann, begeisterter Langläufer (nicht unvermögend) sucht nette Sie zw.
25–35 J., die sich außer Laufen noch für andere Hobbies interessiert"[27].

Beide Anzeigen bestätigen, dass ihre Autoren das Laufen als eine exquisite
Tätigkeit betrachteten, mit der sich Charaktereigenschaften wie „lebhaft und
heiter", „gesund", anspruchsvoll und „begeistert" assoziieren ließen. Sie
betrachteten es als selbstverständlich, körperlich attraktiv für ihren Partner
zu sein. Welche Auffassung vertraten sie vor diesem Hintergrund zur Sexualität? Welche sexuellen Skripte schlugen schreibende Läufer ihresgleichen
vor? In welchem Verhältnis stand die Laufbewegung zur sogenannten
„Sexwelle"?

5. „The Sexualization of Running"

Seit der Mitte der 1960er Jahre rollte eine Sexwelle über Westdeutschland
und die USA hinweg, die man auch als „sexuelle Revolution" bezeichnet
hat. Ein Journalist des „Spiegel" konstatierte:

„Nackt wie nie aber bietet sich Deutschland auch tagsüber auf allen Straßen, in fast
allen Kinos, auf vielen Bühnen und in zahlreichen Buchhandlungen dar. Die Sexflut,
die manche schon abebben sahen, schwillt weiter an und überschwemmt vor allem
die Zeitungsstände mehr denn je."[28]

Das populäre US-Magazin „Time" widmete am 11. Juli 1969 seine Titel-
geschichte sogar dem „Sex as a Spectator Sport"[29]. Aus historischer Perspektive erweisen sich diese Wahrnehmungen als Anhaltspunkte dafür, dass eine
langfristige Tendenz sexueller Liberalisierung ihren vorläufigen Höhepunkt
erreicht hatte. Medial und konsumtiv kulminierte die hetero- und homo-
sexuelle Fremd- und Selbstwahrnehmung in Form von Pornographie oder
in Hits wie Donna Summers „Love to Love You Baby". „Sex was different"
konstatierte der Zeithistoriker Bruce Schoolman 2001 lapidar für die Zeit

---

[26] Vgl. die Lauftreffzeitschrift Die Lichtwiese (Darmstadt, seit April 1977) und die News-
letter des Greater Framingham Running Clubs (Framingham, seit Dezember 1980).
[27] Spiridon 4/1984, S. 28, und 12/1984, S. 11.
[28] Der Spiegel vom 3.8.1970: „Sex-Welle: Thema eins".
[29] Time Magazine vom 11.7.1970. Vgl. auch Franz X. Eder, Kultur der Begierde. Eine
Geschichte der Sexualität, München ²2009, S. 211–242, und Angus McLaren, Twen-
tieth-Century Sexuality. A History, Oxford/Malden 1999, S. 166–218.

nach 1970[30]. Nüchtern wirkt demgegenüber Manfred Steffnys Feststellung, „die Beschäftigung mit dem Körper, die gesteigerte Hormontätigkeit des Läufers, das alles führt zu gesteigertem sexuellem Interesse, das nicht durch Sex- oder Pornowellen künstlich aufgepeitscht werden muß". Positiv formuliert schlug der aus Trier stammende Langstreckenläufer Gleichgesinnten vor, sich „auf erotischem Gebiet normal zu betätigen"[31]. Augenscheinlich plädierten laufende Experten für den Fortbestand einer bürgerlichen sexuellen Orientierung, deren Kategorien „‚Natürlichkeit‘, ‚Gesundheit‘ und ‚Leistungsfähigkeit‘"[32] dazu dienten, das Sexuelle nach dem Take-off um 1970 seiner überdurchschnittlichen Bedeutung zu entkleiden.

Die Läufer betrachteten sich weniger als Vertreter der sexuellen Revolution, sondern mehr als maßhaltende Gruppe von Akteuren. „Maßhalten, in der Besinnung auf das Naturgemäße und um den Gewinn jener inneren Freiheit" war für Hans Breidbach eine sinnvolle Haltung, die gleichwohl einen „Aufbruch zu neuen Ufern"[33] ermöglichen sollte. Demnach sahen sich die Dauerläufer weder als Hedonisten noch als sexuelle Asketen. Was verstanden sie mit Breidbach unter „neuen Ufern"? Eine im Auftrag der „Running Times" durchgeführte Befragung von Läufern ergab, dass 67 Prozent meinten, ihr Sexualleben habe sich durch die sportliche Praxis verbessert. Sie führten dies darauf zurück, dass sie durch die sportliche Praxis besser über ihren Körper Bescheid wüssten. Dadurch machten sie die körperliche Selbstwahrnehmung zur Grundlage dafür, ihre eigenen sexuellen Fähigkeiten zu interpretieren. Ein Autor der Zeitschrift „The Runner" zog aus diesen Überlegungen die Schlussfolgerung, das Laufen habe wahrscheinlich mehr als jeder andere Sport dazu beigetragen, Gesundheit zu erotisieren[34]. Von dieser Vorannahme gingen zahlreiche medizinische Studien aus, die seit den 1980er Jahren durchgeführt wurden. Demnach verfügten Sportler über ein größeres sexuelles Selbstbewusstsein – ein Selbstbewusstsein, das auf der Annahme basierte, sportliche Übungen beugten chronischen Krankheiten vor und verbesserten darüber hinaus das seelische Wohlbefinden[35]. Unter-

---

[30] Bruce J. Schulman, The Seventies, The Great Shift in American Culture. Society, and Politics, New York 2002, S. 175.

[31] Manfred Steffny, Lauf mit, Frankfurt a. M. 1979, S. 72.

[32] Eder, Kultur, S. 140.

[33] Spiridon 3/1977, S. 28.

[34] Vgl. Spiridon 5/1982, S. 26 (zur Umfrage der Running Times von 1979), und The Runner vom November 1979, S. 53.

[35] Vgl. Tina M. Penhollow/Michael Young, Sexual Desirability and Sexual Performance. Does Exercise and Fitness Really Matter? in: Electronic Journal of Human Sexuality 7 (2004); www.ejhs.org.

sucht man den auf diese Weise hergestellten Zusammenhang zwischen Krankheitsprävention, psychischer Gesundheit und Sexualität in der historischen Rückschau, so wird fassbar, wie eng das sexuelle Wohlgefühl in den 1970er und 1980er Jahren an therapeutische Voraussetzungen gebunden wurde, die auf eine Verbesserung des Selbst abzielten. Das Verhältnis zwischen Sexwelle und Laufbewegung fügte sich ein in die therapeutische Kultur der 1970er Jahre. Insofern schlugen Spezialisten, die selbst dem Laufsport anhingen, Jogging als eine optimistische Lösung dafür vor, normale körperliche Konstitutionen selbst verbessern zu können.

6. Fazit

Körpergeschichtliche Beobachtungen bestätigen die Befunde, die von einem tiefgreifenden Wandel nach dem Boom ausgehen. Die Geschichte des Joggings erscheint so als ein Moment der zeitgenössischen Zuversicht in einer Phase der deutschen und der US-amerikanischen Geschichte, deren erste historiographische Interpretationen eher „das Ende der Zuversicht" konstatieren[36] oder sogar einen Schockzustand diagnostizieren. Es entsteht der Eindruck, dass die Läufer eine Umgangsform mit ihrem Leib bejahten, die an die Lebensreformbewegung erinnert. Dennoch standen die genannten Motive nicht in dieser Tradition. Vielmehr neigten zahlreiche Westdeutsche und US-Amerikaner angesichts körperlicher, ökologischer und konsumtiver Grenzerfahrungen am Ende des Booms zu einer neuen, präventiven Sorge um sich, als deren Therapie der Dauerlauf galt und deren Streben auf Gesundheit und „Heil" zielte. Sie beabsichtigten, durch Jogging den gesundheitlichen und gesellschaftlichen Anforderungen des von „Nebenfolgengefährdungen" geprägten Lebens in der „Risikogesellschaft" besser Stand halten zu können als die Nichtläufer. Die Jogger fühlten sich als elitäre Akteursgruppe. Sie antizipierten die Genese eines neuen flexiblen Körperleitbilds, das die herkömmliche Vorstellung der „reizbaren Maschine" abzulösen begann[37].

[36] Vgl. Konrad Jarausch (Hrsg.), Das Ende der Zuversicht? Die siebziger Jahre als Geschichte, Göttingen 2008.
[37] Vgl. Tobias Dietrich, Laufen als Selbstbefreiung? Körperliche Heilsuche zwischen Narzissmus und New Age, in: Jens Elberfeld u.a. (Hrsg.), Eine ZeitGeschichte des Selbst, Bielefeld 2014 (im Druck); Ulrich Beck, Risikogesellschaft. Auf dem Weg in eine andere Moderne, Frankfurt a.M. 1986, S.27; Emily Martin, Flexible Bodies. The Role of Immunity in American Culture from the Days of Polio to the Age of Aids, Boston 1994; Philipp Sarasin, Reizbare Maschinen. Eine Geschichte des Körpers 1765–1914, Frankfurt a.M. 2001.

Anselm Doering-Manteuffel
Die Vielfalt der Strukturbrüche und die Dynamik des Wandels in der Epoche nach dem Boom

1. Nach dem Boom – fünf Jahre später

Die vorstehenden Beiträge haben erkennen lassen, wie vielfältig die Erscheinungsformen des Wandels seit den 1970er Jahren gewesen sind. Sie zeigen, dass es den einen, allentscheidenden Strukturbruch nicht gab. Sie zeigen aber auch, dass sich in diesen Jahrzehnten tief einschneidende Veränderungen in den verschiedensten Bereichen von Wirtschaft und Gesellschaft zugetragen haben. Es ist daher zunächst einmal wichtig, für die Zeit nach dem Boom – für die Jahrzehnte von 1975/80 bis an die Schwelle der Gegenwart – von der *revolutionären Qualität* des Wandels zu sprechen, denn wir sind Zeitgenossen einer wirtschaftlichen und industriellen Revolution im Übergang vom 20. ins 21. Jahrhundert. Sie steht der historischen Industriellen Revolution seit dem Ende des 18. Jahrhunderts und auch den Umwälzungen im Zuge der Hochindustrialisierung um 1900 nicht nach.

Der Forschungsverbund „Nach dem Boom", den ich 2008 zusammen mit Lutz Raphael vorgestellt habe, arbeitet seit fünf Jahren in einer Kombination von Fallstudien zu ganz unterschiedlichen Einzelthemen, die als Tiefenbohrungen angelegt und in diesem Band dokumentiert sind, und interdisziplinärer Reflexion über die Entwicklungslinien seit den 1970er Jahren. Naturgemäß sind Fragen aufgetaucht und wurden Einsichten gewonnen, die neues Licht auf die gegenwartsnahe Zeitgeschichte werfen. Sie erlauben es, die Zusammenhänge von Strukturbruch und Wandel tiefenscharf auszuleuchten[1].

Es ist an der Zeit, die Pluralität des Geschehens stärker zu betonen. Wir sehen klarer als in den Anfängen unserer Forschungen eine Vielfalt von Brüchen und eine Vielfalt von Veränderungen. Mit dem Begriff „Strukturbruch" im ursprünglichen Konzept des Forschungsvorhabens war nun gewiss kein Singular im Wortsinn gemeint, als habe es nur an einem Ort oder in einer Branche *den* Strukturbruch gegeben. Wir sahen von Beginn an eine

---

[1] Ein erstes Zwischenresümee findet sich im Vorwort zu Anselm Doering-Manteuffel/ Lutz Raphael, Nach dem Boom. Perspektiven auf die Zeitgeschichte seit 1970, Göttingen 3., ergänzte Aufl. 2012, S. 7–23.

Vielzahl von Brüchen, nahmen aber an, dass man sie typisierend zusammenfassen könne, weil wir den Blick auf bestimmte Industrien gerichtet hatten und darüber andere Branchen mit jeweils eigenen Entwicklungen nicht deutlich wahrnahmen. Deshalb gilt es an dieser Stelle, die Aussagen und Begrifflichkeit zu präzisieren. Eines ist allerdings deutlich zu betonen: Je intensiver man nach Umbrüchen fragt und je mehr man in den verschiedenen Bereichen der Industrie, der Arbeiterschaft und überhaupt der Arbeitsgesellschaft auf die Problemkonstellation „Abbruch oder Umbruch" achtet, desto stärker wird nicht nur die Vielfalt von Brüchen sichtbar, sondern es ist auch um so schärfer zu erkennen, wie umfassend und tiefgreifend, kurz: wie revolutionär das Geschehen war.

2. Das Ende der industriellen Moderne

Die Grundannahmen in der Vorbereitung des Forschungsprojekts „Nach dem Boom" waren an biographische Prägungen und zeitgenössische Erfahrungen gebunden, die erkenntnisleitend wirkten und die Urteilsbildung gesteuert haben. Aus der Rückschau lassen sie sich geradezu als Beleg dafür anführen, dass die Zeit des Wirtschaftsaufschwungs nach dem Zweiten Weltkrieg und insbesondere die Jahre des Nachkriegsbooms von 1955/60 bis 1975/80 in hohem Maß mentalitätsprägend gewirkt haben. Nach 1960 wurden die Politik des sozialen Konsenses und das Postulat der Chancengleichheit zur handlungsleitenden Norm für nahezu alle Regierungen in den westeuropäischen Ländern, die vom Marshallplan profitiert und eine mit dem amerikanischen Modell kompatible Ordnungsform des Gemeinwesens geschaffen hatten. Parlamentarische Demokratie und (soziale) Marktwirtschaft bildeten die Grundlage der westlichen Entwicklung im Kalten Krieg. Nach dem Wiederaufbau, der angesichts der Kriegszerstörungen in der Bundesrepublik zunächst eine Sonderkonjunktur hervorbrachte, glichen sich nach 1960 die Entwicklungslinien in Westeuropa an. Die Orientierung am Konsens wurde zum internationalen Trend. Fiskalpolitische Globalsteuerung der Regierungen setzte ab etwa 1965 den Rahmen für die Wirtschaft und brachte Industriebetriebe, Gewerkschaften und Regierungen in einen Handlungszusammenhang, der im deutschen Fall als „rheinischer Kapitalismus" beschrieben worden ist. Es bildete sich ein sozialer Konsens heraus, den man – ohne damit die Partei zu meinen – als sozial-demokratischen, auch sozial-liberalen Konsens bezeichnet. Dieser wiederum war verbunden mit dem Willen zur einvernehmlichen Regelung von Interessenkonflikten bei den Tarifparteien, unterstützt von der Politik. Die Bezeichnung „Konsenskapitalismus" beschreibt dieses Wirkungsgefüge[2]. In den Jahren des Booms, als die Steuerquellen sprudelten, wurde der „Wohlstand für alle" spürbar, den Wirtschaftsminister Ludwig Erhard 1957 als Ziel der Regierungspolitik beschrieben hatte[3]. Die Konsumgesellschaft bildete sich heraus. Technische Modernisierung in der industriellen Planung und Entwicklung erzeugte einen Bedarf an gut ausgebildeten Arbeitskräften, dem das Schul- und Bildungssystem mit seinen Strukturen aus der Zwischenkriegszeit, wenn nicht der Jahrhundertwende, gar nicht gerecht werden konnte. Konsum und Bildungsexpansion verschränkten sich. Gleichheit und Konsens als Orientierungsmuster der Regierungspolitik prägten die Gesellschaft im Übergang zu den 1970er Jahren. Die Schlote qualmten, die Autobahnen wurden voller, die Menschen wohlhabender, und die junge Generation, die nach der Bildungsoffensive nun in Scharen die Universitäten und Fachhochschulen bevölkerte, hatte eine beruflich stabile Zukunft vor sich[4].

Damit war es seit 1975 vorbei. Nach dem ersten Ölpreisschock von 1973 begann die Öffentlichkeit wahrzunehmen, dass es in den Großbetrieben der Eisen- und Stahlindustrie, den Werften und Textilfabriken schon seit längerem nicht mehr nach einer stabilen Zukunft aussah. Die Arbeitslosigkeit stieg deutlich an, und auch die Absolventen der Bildungsinstitutionen fanden nicht mehr selbstverständlich eine Anstellung in dem Beruf, für den sie sich qualifiziert hatten. Der Boom lief aus. Da wir in der Konzeptionsphase des Forschungsprojekts unsere Aufmerksamkeit zum einen auf die Gesellschaft der Boomjahre und die Konsenspolitik richteten und zum anderen auf die Branchen der industriellen Ballungsräume mit schwer- oder textilindustriellen Großbetrieben, wo jetzt viele Lichter ausgingen, sahen wir das als einen Strukturbruch von allgemeiner Geltung und Wirkung. Diese Wahrnehmung wurde intensiviert und aus der Alltagserfahrung immer aufs neue bestärkt, weil die Industrieländer Westeuropas in den drei Jahrzehnten vor der Jahrhundertwende einen Strukturwandel durchliefen, den man als Ende der traditionellen Industriewirtschaft und Industriegesellschaft auffassen konnte. In der Lebenserfahrung der nach dem Zweiten

[2] Vgl. Julia Angster, Konsenskapitalismus und Sozialdemokratie. Die Westernisierung von SPD und DGB, München 2003.
[3] Vgl. Ludwig Erhard, Wohlstand für alle, bearb. von Wolfram Langer, Düsseldorf 1957.
[4] Vgl. Axel Schildt/Detlef Siegfried/Karl Christian Lammers (Hrsg.), Dynamische Zeiten. Die 60er Jahre in beiden deutschen Gesellschaften, Hamburg 2000; Tony Judt, Die Geschichte Europas seit dem Zweiten Weltkrieg, München/Wien 2006; Hartmut Kaelble, Kalter Krieg und Wohlfahrtsstaat. Europa 1945–1989, München 2011.

Weltkrieg aufgewachsenen Altersgruppen war das ein singulärer Prozess. Was lag also näher, als dieses Problem auch mit einem Begriff im Singular zu beschreiben – als Strukturbruch eben[5].

Vertiefte Einsicht in den Wandel in verschiedenen Branchen und Fabriken ließ immer deutlicher erkennen, dass wir es jedoch mit einer Pluralität von Brüchen zu tun haben. Mittelständische Betriebe reagierten ganz anders und vielfach wesentlich flexibler als die Konzerne, deren Niedergang zwar spektakulär wirkte wie im Fall der Kohlezechen, Hüttenwerke und Werften. Deren Beschäftigtenzahlen waren aber nicht repräsentativ für *die* Industrie in der Bundesrepublik Deutschland, wie Lutz Raphael in seinem Beitrag zeigt. Die Anpassungsfähigkeit der mittelständischen Betriebe war verzahnt mit dem Anpassungsdruck auf die Arbeitnehmer, von denen in wachsendem Maß eine gute Schulausbildung und erstklassige Kenntnisse in den verschiedenen Bereichen elektronischer Steuerung in Produktion und Verarbeitung erwartet wurden. Zwischen 1975 und 1995 änderte sich hier die Arbeitswelt grundlegend. Sowohl für ältere Beschäftigte als auch für Betriebsführungen waren tiefgreifende Um- oder Neuorientierungen unausweichlich, die in jedem einzelnen Fall als Bruch empfunden werden konnten. Danach standen viele Firmen moderner und leistungsfähiger da als zuvor und waren gewappnet für die Konkurrenz auf dem veränderten Weltmarkt, in den die Hersteller seit dem Ende des Ost-West-Konflikts hineinwachsen mussten, wenn sie nicht untergehen wollten.

Andere Betriebe überstanden den Strukturwandel nicht, weil sie mit Techniken arbeiteten, die im Zeitalter der Digitalisierung nicht mehr gebraucht wurden. So verschwanden zum Beispiel die Druckereien, die auf mechanischer Grundlage arbeiteten, und mit ihnen verschwand der Beruf des Druckers. Die Aus- und Weiterbildung trug dem Strukturwandel Rechnung, indem sie den Übergang von der mechanischen Fertigung über frühen Einsatz von Robotern bis zur elektronisch gesteuerten Produktion mit vollzog. In den verschiedenen Branchen bis hinein in jeden einzelnen Betrieb war der Strukturwandel spürbar, der von mindestens zwei Richtungen ausging: Zum einen wurden manche Branchen nicht mehr gebraucht oder mussten sich komplett neu erfinden, zum anderen erzwang der technische Wandel im Zuge der Digitalisierung differenzierte, den einzelnen Betrieben angemessene Maßnahmen zu rascher Erneuerung, Umorientierung, Anpassung. In den Großbetrieben ging das zumeist langsamer vor sich, aber die

---

[5] Vgl. Hartmut Kaelble, Sozialgeschichte Europas. 1945 bis zur Gegenwart, München 2007.

Entwicklung der Firmen war gleichermaßen unter den unerbittlichen Druck des technischen Wandels gestellt und mit dem Zwang zur Anpassung an betriebliche Modernisierung konfrontiert. Wo die Herausforderungen nicht bewältigt wurden, war der Kollaps unausweichlich[6].

Das heißt, *den* Strukturbruch hat es nicht gegeben, weil er nicht an einem Ort erfolgte und nicht *die* Industrie erfasste. Es gab vielmehr eine Vielfalt von Brüchen, die sich in der Schließung des einen Betriebs und der erfolgreich bewältigten Anpassung beim anderen zeigten. Den Anstoß gab immer wieder jener Strukturwandel, der wegen seiner umfassenden Geltung und des hohen Tempos als revolutionärer Prozess anzusprechen ist. Aber die Brüche, die sich ereigneten, waren vielfältig und sind nicht über einen Leisten zu schlagen. Denn es handelte sich ja nicht nur um ein Problem des produzierenden Gewerbes sowie des Handels und Konsums allein, sondern auch um eines der Alltags- und Lebensbewältigung in der Arbeitsgesellschaft. Nach 2000 wurde dieser kulturelle Faktor besonders deutlich spürbar, als die Schere zwischen den Erfolgreichen, die den Wandel mitvollzogen und seine Chancen genutzt hatten, und den Verlierern, die sich nicht in das Modernisierungsgeschehen einpassen konnten, immer weiter auseinander ging[7].

3. Das digitale Zeitalter

Seit 1995 gab es das *world wide web*, das dem Strukturwandel erneut einen kräftigen Schub gab. Seither ging es nicht mehr nur um die Anpassung von Fertigungstechniken an neue technologische Standards und um die Ausbildung des dafür geeigneten Personals. Jetzt war die Welt offen, und sie entstand zugleich neu als ein virtueller Raum. Informationen, der Handel mit Waren oder Geld, Erfindungen, Patente und die Neuentwicklung von Forschungstechniken in den biologisch-medizinischen und den chemisch-physikalischen Wissenschaften waren seither, mit rasch wachsender Akzeptanz, global verfügbar und alsbald auch global nutzbar. Konkurrenz und Wettbewerb ordneten sich unter der Chiffre Globalisierung neu. Die Beschleunigung erreichte in allen Bereichen von Technik und Wissenschaft ein atemberaubendes Tempo. Wissensgesellschaft, Informationsgesellschaft, Kommunikation und der Handel auf den Finanzmärkten sahen sich jetzt

---

[6] Vgl. Konrad Jarausch (Hrsg.), Das Ende der Zuversicht? Die siebziger Jahre als Geschichte, Göttingen 2008.
[7] Vgl. Andreas Wirsching, Der Preis der Freiheit. Geschichte Europas in unserer Zeit, München 2012.

ganz unmittelbar mit dem neuen Phänomen der Echtzeit konfrontiert. Die revolutionäre Dynamik des Strukturwandels seit 1975/80 gewann mit der Entstehung des *world wide web* deutlich an Kraft. Digitalisierung und die damit verbundene Beschleunigung und vernetzte Information sowie die Erschaffung virtueller Räume bildeten seit 1995/2000 die Triebkräfte der industriellen Revolution, die wir erleben[8].

Es gilt mithin, zusätzlich zur Vielfalt von Brüchen in den 1970er und 1980er Jahren, die sich im traditionellen Industriesystem vollzogen und auf die Arbeitsgesellschaft einwirkten, einen weiteren multiplen Bruch – ein Bündel von Ab- und Umbrüchen – zu konstatieren, und zwar die digitale Revolution mit der öffentlichen Verfügbarkeit von Daten aus dem Netz seit Mitte der 1990er Jahre. Wir symbolisieren diese Vielfalt des Zerbrechens als Bestandteil eines umfassenden Strukturbruchs mit der Grafik auf dem Umschlag dieses Buchs. Sie zeigt ein Bündel Spaghetti, in dem jeder Stab an einer anderen Stelle gebrochen ist und das Ganze doch auch den einen, allbetreffenden Bruch erkennen lässt[9]. Im Strukturwandel nach dem Boom gibt es mithin zwei zeitlich und sachlich verschieden gelagerte Erscheinungs-formen von Strukturbruch als pluralem Phänomen. Auf den Umbruch in den späten 1970er und den 1980er Jahren mit seiner Vielzahl von einzel-nen Abbrüchen und Neuanfängen in den alten mechanischen, maschinell-manuell betriebenen Industrien hin zu neuen, mit elektronisch gesteuerter Mechanik arbeitenden Industrien – auf diesen Umbruch folgte nach 1995 ein weiterer. Weit mehr noch als der vorangegangene machte sich dieser in der Multiplizität von Brüchen und Veränderungen, von Neuerungen in der Geschäftswelt, in den Fertigungsprinzipien, der Kommunikation und im privaten Leben bemerkbar. 1995 wurde zum Geburtsjahr eines neuen, virtualisierten Menschen, der inzwischen anfängt, das öffentliche, auch poli-tische Leben in der Gegenwart zu gestalten.

Beide Zeiträume als Phasen multipler Brüche sind untereinander eng verbunden. Während des Übergangs von den alten zu den neuen Industrien um 1980 wurden die Rahmenbedingungen wirtschaftlichen Denkens und Handelns fundamental verändert. Das Paradigma des Konsenses verlor zunehmend an Überzeugungskraft, seit die Volkswirtschaften des westlichen

---

[8] Vgl. Manuel Castells, Die Internet-Galaxie. Internet, Wirtschaft und Gesellschaft, o. O. (Wiesbaden) 2005; Kai Lehmann/Michael Schetsche (Hrsg.), Die Google-Gesell-schaft. Vom digitalen Wandel des Wissens, Bielefeld 2007.
[9] Das Bild des „Spaghetti-Bruchs", das die untrennbare Verkopplung von Singularität und Pluralität von Umbrüchen im Strukturwandel symbolisiert, geht auf Julia Angster zurück, der an dieser Stelle noch einmal gedankt sei.

Lagers nach der ersten Ölpreiskrise 1973/74 in Schwierigkeiten gerieten und die Steuerungsmechanismen der nationalen Regierungen nicht mehr die gewünschten Effekte erzielten. Die Produktivität sank, die Inflation stieg. Das betraf im Verlauf der 1970er Jahre insbesondere die USA und Großbritannien, weshalb von dort seit 1980 die Anstöße ausgingen, das Wirtschaftsdenken zu verändern, um mit einer anderen, neuen Wirtschaftspolitik die „Stagflation" zu überwinden[10]. Der Monetarismus als neue Wirtschaftstheorie der Chicagoer Schule um Milton Friedman gewann rasch an Einfluss[11]. Der wirtschaftsideologische Leitbegriff für die Politik hieß Deregulierung. Die Maßstäbe wurden in Großbritannien unter Premierministerin Margaret Thatcher gesetzt. Ihre Regierung verkörperte mehr als jede andere in Europa die Entschlossenheit, den Rückzug des Staats aus Großbetrieben und Branchen wie dem Bergbau, der Eisenbahn, Telekommunikation, Radio, Fernsehen und Post einzuleiten. Zum Programm der Deregulierung gehörte die Propaganda für die Selbstbestimmung des Individuums im Wirtschaftsleben, was im Kern die Aufkündigung des Konsenses als dem dominierenden Ordnungsmodell in der Gesellschaft bedeuten sollte.

In der Wirklichkeit sah manches anders aus. Auch in Großbritannien blieb der Sozialstaat aus der Nachkriegszeit weitgehend erhalten. Dennoch, das Programm entfaltete seine Wirkung, indem es den Vorrang des individuellen Interesses – als Betrieb, als Finanzagentur, als Einzelperson – vor dem Interesse der Gesellschaft festschrieb. Damit setzte die Erosion des gesellschaftlichen Zusammenhalts ein, die nach 1995 noch durch die Individualisierungsdynamik im Zuge der anwachsenden Netzkommunikation beschleunigt wurde. Alsbald entwickelten sich daraus veränderte soziale Standards. Sie betrafen die Selbst- ebenso wie die Weltwahrnehmung, in der so etwas wie Gesellschaft kaum eine Rolle spielte, stattdessen aber das Ich und dessen Partner im Netz. Jahre später, seit etwa 2010, geriet diese Entwicklung als Legitimationskrise der Demokratie in die öffentliche Aufmerksamkeit.

Der Monetarismus wirkte als wirtschaftliche Unterströmung dieses Geschehens und trug als Geldtheorie maßgeblich dazu bei, dass die Inflationsraten sanken und seit den späten 1980er Jahren auf niedrigem Niveau verharrten. Im Zusammenwirken von monetaristischer Theorie und Deregulierung entstand die handlungssteuernde Ideologie des Neoliberalismus,

---

[10] Vgl. Alasdair Roberts, The Logic of Discipline. Global Capitalism and the Architecture of Government, Oxford 2011.

[11] Vgl. Ingo Pies/Martin Leschke (Hrsg.), Milton Friedmans ökonomischer Liberalismus, Tübingen 2004.

die spätestens nach dem Ende des Ost-West-Konflikts in allen Regierungskanzleien beherzigt wurde. Der Rückzug des Staates aus seiner ökonomischen und verwaltungstechnischen Verantwortung für die Staatsbetriebe
bis in die Kommunen hinein ließ ein offenes Feld entstehen, auf dem private Interessen ungehindert ihren Nutzungs- und Gewinnabsichten folgen
konnten[12]. Hier wie auch im Bereich der Banken und des Finanzmarkts
bildete sich eine staatsferne Betätigungsform heraus, deren Protagonisten
in Gestalt von Agenturen – Rating, Controlling, Evaluating, Coaching und
so weiter – ohne jede öffentliche Kontrolle durch Regierung, Verwaltung
oder Parlament eine beträchtliche Macht entfalten konnten. Diese Macht
war im Finanzmarkt konzentriert, strahlte von dort in die Regierungskanzleien, Konzernzentralen und ganz allgemein in die Gesellschaft aus. Als die
Finanzindustrie Einzug hielt in die Politik der Alterssicherung – in Deutschland war das die „Riester-Rente" –, wurde das propagierte „Vermögens-
bildungsprogramm" einerseits als Anleitung für die Kleinen Leute verstanden, ihr Geld nicht länger dem Staat anzuvertrauen, der es in der Form des
traditionellen Anspar- und sozialstaatlichen Umlagensystems verwaltete,
sondern auf dem Anleihemarkt zu investieren, auf dem die Fondseigner in
großem Stil profitieren konnten. Andererseits aber sollten die Kleinen Leute
durch solche Maßnahmen darin geschult werden, endlich Aktien zu kaufen
und mit Volksaktien zu „Markt"-Teilnehmern zu werden. Das hat zumindest in Deutschland nicht gut funktioniert, aber das „Vermögensbildungs-
programm" blieb gleichwohl erhalten und trägt seither dazu bei, die Alters-
armut zu programmieren, indem es für die Einzahler keine nennenswerte
Rendite erwirtschaftet. Vielmehr sichert es der Finanzindustrie auf lange
Sicht ordentliche Gewinne[13].

Die Eigenart des Finanzmarkts wirkte sich auch in anderer Hinsicht auf
die Gesellschaft aus. „Die Märkte" handeln mit Geld in Form von Ziffern,
die auf den Bildschirmen der Börsen rund um den Globus ablesbar sind.
Digitalisierung und die Entstehung des Netzes haben diese neue Form des
Kapitalismus entstehen lassen, die als *digitaler Finanzmarkt-Kapitalismus*

---

[12] Am englischen Beispiel untersucht dies Massimo Florio, The Great Divestiture.
Evaluating the Welfare Impact of the British Privatisations, 1979–1997, Cambridge
(Mass.)/London 2004.
[13] Vgl. Hans Günter Hockerts, Abschied von der dynamischen Rente. Über den Einzug der Demographie und der Finanzindustrie in die Politik der Alterssicherung, in:
ders., Der deutsche Sozialstaat. Entfaltung und Gefährdung seit 1945, Göttingen
2011, S. 294–324; Diana Wehlau, Lobbyismus und Rentenreform. Der Einfluss der
Finanzdienstleistungsbranche auf die Teil-Privatisierung der Alterssicherung, Wiesbaden 2009.

zu bezeichnen ist[14]. Die Wirkung entfaltet sich in einem virtuellen Raum mit weitestgehender Freizügigkeit, weil die Barrieren staatlicher Währungspolitik oder des internationalen Währungssystems schon seit den 1970er Jahren Schritt für Schritt beseitigt wurden. Sobald der Geldverkehr ausschließlich elektronisch im Netz vollzogen werden konnte, waren „die Märkte" in Echtzeit existentiell miteinander verbunden. 2008 kam es zum Infarkt, aber der Patient hat nach der Krise seine Vitalität vorerst wieder zurückgewonnen.

Zu den Eigenarten des Finanzmarkt-Kapitalismus gehört es, dass die Berechnung von Wert nicht primär an die Leistungen des produzierenden Gewerbes gebunden ist, sondern an den Handel. Dieser Handel kann mit Waren oder mit Kapitalien erfolgen. In der Epoche nach dem Boom entstand ein neuer Industriezweig, die Finanzindustrie, und diese lebt vom Handel mit Kapital, auch mit solchem Kapital, das nur einen rechnerischen, spekulativen Wert verkörpert, nicht aber einen realen, an Waren und Produktion gebundenen. In den Jahrzehnten seit 1980/90, als Deregulierung die ideologische Norm für politisches Handeln bildete, hatte sich der Staat aus den Märkten zurückgezogen. Es blieb den Zentralbanken überlassen, ob und wie sie sich am Geschäft mit spekulativem Kapital beteiligten. Dieses System entwickelte sich, mit Billigung der Politik, unabhängig von deren Einflussnahme. Es wurde zudem konsequent abgeschottet, damit die internen Vorgänge nicht in den Regierungskanzleien oder in der Öffentlichkeit diskutiert werden konnten[15].

4. Die Krise der Demokratie nach dem Boom

So entstand aus der Verbindung von Deregulierung als politischer Praxis und digitalem Finanzmarkt-Kapitalismus als ökonomischem Prinzip eine sozio-politische Konstellation, die sich in wachsendem Maß auf die Legitimität politischer Entscheidungsprozesse auswirkt. Die (Selbst)Entmündigung des Staates zieht die Krise der Demokratie nach sich[16]. Am Anfang

---

[14] Diese Formulierung ist präziser als der Terminus „informationeller Kapitalismus", wie die deutsche Übersetzung von *informational capitalism* lautet, in dem maßgeblichen Werk von Manuel Castells, Das Informationszeitalter, Bd. 1: Der Aufstieg der Netzwerkgesellschaft, Opladen 2003.

[15] Vgl. Roberts, Logic of Discipline, und Werner Rügemer, Rating-Agenturen. Einblicke in den Kapitalmarkt der Gegenwart, Bielefeld 2012.

[16] Vgl. mit weiteren Nachweisen Anselm Doering-Manteuffel, Die Entmündigung des Staates und die Krise der Demokratie. Entwicklungslinien von 1980 bis zur Gegenwart, Stuttgart 2013.

stand ein Vorgang, der nur auf den ersten Blick erstaunlich ist. In der zweiten Hälfte der 1990er Jahre waren es insbesondere europäische Sozialdemokraten, die das System des radikalen Individualismus, der Deregulierung und der Entriegelung „der Märkte" zum Orientierungsmuster künftiger Regierungspolitik erklärten. Das war konsequent, denn dieses System verkörperte zu jener Zeit den Fortschritt, sodass es für politische Parteien, die traditionell dem sozialen Fortschritt verpflichtet sind, sachlich nahelag, die aktuelle Form eines nicht sozialen, sondern eben marktliberalen Verständnisses von Fortschritt zu inkorporieren. Premierminister Tony Blair und Bundeskanzler Gerhard Schröder verkörperten um das Jahr 2000 diese neue Variante eines finanzmarktkapitalistischen Sozialismus. Dass ihnen darüber die traditionelle sozialdemokratische oder Labour-sozialistische Wählerschaft abhanden kam, war das eine. Das andere Merkmal bestand darin, dass es zwischen konservativen und sozialdemokratischen Kabinetten keinen Unterschied mehr zu geben schien.

Im Jahr 2002 war es ein Meilenstein in der Geschichte der Sozialdemokratie, als die Bundesregierung unter Bundeskanzler Schröder die „Agenda 2010" durchsetzte, weil diese sowohl sozialpolitisch als auch programmatisch für die SPD einen weiteren tiefen Umbruch im Strukturwandel bedeutete. Aber es war leichter für den sozialdemokratischen Regierungschef, diese Entscheidung zu treffen als es für seinen Konkurrenten Edmund Stoiber (CSU) gewesen wäre, der damals als Kanzlerkandidat der konservativen Parteien auftrat. An ihm wäre das Stigma einer fundamental antisozialen Politik haften geblieben, eben weil er ein Konservativer war. Für den Sozialdemokraten Schröder war es schwierig genug, aber dennoch möglich, Reformen des Arbeitsmarkts einzuleiten, die mittelfristig dazu beitrugen, die Produktivität des Industriestandorts Deutschland sozialpolitisch mit den Bedingungen des globalen Wettbewerbs zu verkoppeln. Entscheidend aus der hier eingenommenen Perspektive ist es, dass beide politische Führungsfiguren dieselben Ziele verfolgten. Sie entsprachen damit dem britischen Modell, das zwischen dem Konservativismus von Margaret Thatcher und dem Reformsozialismus von Tony Blair kaum einen Unterschied erkennen ließ. An der Wende zum 21. Jahrhundert hatten sich die traditionellen Volksparteien zumindest in Großbritannien und Deutschland monochrom eingefärbt[17].

[17] Vgl. Oliver Nachtwey, Marktsozialdemokratie. Die Transformation von SPD und Labour Party, Wiesbaden 2009; Franz Walter, Vorwärts oder Abwärts? Zur Transformation der Sozialdemokratie, Berlin 2010; Andrew Rawnsley, The End of the Party. The Rise and Fall of New Labour, London 2010.

Rückblickend lässt dies den Schluss zu, dass in den Jahren zwischen 1995 und 2008 die Politik an eigenständigem Profil verlor, weil „der Staat" gegenüber „den Märkten" keine erkennbare Funktion mehr wahrnahm. „Die Märkte" waren das Aktionsfeld von Agenturen und Lobbyisten, die den Staaten die sozialökonomische und ideologische Orientierung vorgaben. Sie hatten ihren Einfluss und ihre Macht mit Billigung, nicht selten auch mit Unterstützung der Politik entfalten können und agierten jetzt in einem von rechtlichen Regelungen und sozialethischen Normen weitestgehend freien Raum. Die Eigenart dieses Handelns kam nach dem Crash des Finanzmarkts 2007/08 allmählich ans Licht. Aber die Wirkung reicht tiefer, weil die vom individualisierten Gewinnstreben dominierten Verhaltensmuster in der Öffentlichkeit nicht nur die politischen Parteien beherrschen, sondern den Parlamentarismus und die repräsentative Demokratie beeinträchtigen. Im Strukturwandel nach dem Boom ist auch die „Krise des demokratischen Kapitalismus" eingepreist[18].

---

[18] Wolfgang Streeck, Gekaufte Zeit. Die vertagte Krise des demokratischen Kapitalismus, Berlin 2013.

Abkürzungen

AfS	Archiv für Sozialgeschichte
AG	Aktiengesellschaft
AKU	Algemene Kunstzijde Unie
APO	Außerparlamentarische Opposition
APuZ	Aus Politik und Zeitgeschichte
ARD	Arbeitsgemeinschaft der öffentlich-rechtlichen Rundfunk-anstalten der Bundesrepublik Deutschland
BASF	Badische Anilin- & Soda-Fabrik
BUU	Bürgerinitiative Umweltschutz Unterelbe
CDU	Christlich-Demokratische Union
CPA	Clyde Port Authority
CSU	Christlich-Soziale Union
DDR	Deutsche Demokratische Republik
DFB	Deutscher Fußball-Bund
DM	Deutsche Mark
EG	Enka Glanzstoff
Emnid	Erforschung der öffentlichen Meinung, Marktforschung, Nachrichten, Informationen und Dienstleistungen
EWG	Europäische Wirtschaftsgemeinschaft
FC	Fußballclub
GA	Glasgow Archives
GuG	Geschichte und Gesellschaft
GULag	Glawnoje uprawlenije isprawitelno-trudowych lagerej i kolonij (Hauptverwaltung der Besserungsarbeitslager)
HZ	Historische Zeitschrift
IFSD	International Finance and Service District
JMEH	Journal of Modern European History
Kfz	Kraftfahrzeug
KZO	Koninklijke Zout-Organon
LKW	Lastkraftwagen
MSV	Meidericher Spielverein
NAS	National Archives of Scotland
NATO	North Atlantic Treaty Organization
N.V.	Naamloze Vennootschap (Aktiengesellschaft)
PKW	Personenkraftwagen
RAF	Rote Armee Fraktion

RWWA	Rheinisch-Westfälisches Wirtschaftsarchiv
SDA	Scottish Development Agency
SECC	Scottish Exhibition and Conference Centre
SOEP	Sozio-ökonomisches Panel
SPD	Sozialdemokratische Partei Deutschlands
SRC	Strathclyde Regional Council
TV	Television
US(A)	United States (of America)
VfB	Verein für Bewegungsspiele
VGF	Vereinigte Glanzstoff-Fabriken
VW	Volkswagen
ZDF	Zweites Deutsches Fernsehen
ZF	Zeithistorische Forschungen

Autorinnen und Autoren

Dr. Tobias Dietrich (1972), Fachleiter für Geschichte am Staatlichen Studienseminar für das Lehramt an Gymnasien in Koblenz und Lehrbeauftragter für Neueste Geschichte und Geschichtsdidaktik an der Universität Trier.

Dr. Anselm Doering-Manteuffel (1949), Professor für Neuere Geschichte unter besonderer Berücksichtigung der Zeitgeschichte und Direktor des Seminars für Zeitgeschichte an der Eberhard Karls Universität Tübingen.

Dr. Fernando Esposito (1975), wissenschaftlicher Mitarbeiter am Seminar für Zeitgeschichte der Eberhard Karls Universität Tübingen.

Tobias Gerstung (1976), wissenschaftlicher Mitarbeiter am Seminar für Zeitgeschichte der Eberhard Karls Universität Tübingen.

Hannah Jonas (1984), wissenschaftliche Mitarbeiterin am Seminar für Zeitgeschichte der Eberhard Karls Universität Tübingen.

Martin Kindtner (1979), wissenschaftlicher Mitarbeiter an der Universität Trier (Lehrstuhl für Neuere und Neueste Geschichte).

Dr. Christian Marx (1977), wissenschaftlicher Mitarbeiter am Forschungszentrum Europa an der Universität Trier.

Dr. Silke Mende (1977), akademische Rätin a. Z. am Seminar für Zeitgeschichte der Eberhard Karls Universität Tübingen.

Dr. Lutz Raphael (1955), Professor für Neuere und Neueste Geschichte an der Universität Trier.

Dr. Morten Reitmayer (1963), Privatdozent an der Universität Trier und dort Vertreter des Lehrstuhls für Neuere und Neueste Geschichte.

Dr. Thomas Schlemmer (1967), wissenschaftlicher Mitarbeiter am Institut für Zeitgeschichte München – Berlin und Privatdozent am Historischen Seminar der Ludwig-Maximilians-Universität München.

Zeitgeschichte im Gespräch

Band 11
Der KSZE-Prozess
Vom Kalten Krieg zu einem
neuen Europa 1975–1990
H. Altrichter, H. Wentker (Hrsg.)
2011. 128 S. € 16,80
ISBN 978-3-486-59807-0

Band 12
Reform und Revolte
Politischer und gesellschaftlicher
Wandel in der Bundesrepublik
Deutschland vor und nach 1968
U. Wengst (Hrsg.)
2011. 126 S. € 16,80
ISBN 978-3-486-70404-4

Band 13
Vor dem dritten Staatsbankrott?
Der deutsche Schuldenstaat in
historischer und internationaler
Perspektive
M. Hansmann
2., durchgesehene Aufl. 2012
113 S., € 16,80
ISBN 978-3-486-71785-3

Band 14
Das letzte Urteil
Die Medien und der Demjanjuk-Prozess
R. Volk
2012. 140 S. € 16,80
ISBN 978-3-486-71698-6

Band 15
Gaddafis Libyen und die Bundes-
republik Deutschland 1969 bis 1982
T. Szatkowski
2013. 135 S., € 16,80
ISBN 978-3-486-71870-6

Band 16
„1968" – Eine Wahrnehmungs-
revolution?
Horizont-Verschiebungen des
Politischen in den 1960er und 1970er
Jahren
I. Gilcher-Holtey (Hrsg.)
2013. 138 S., € 16,80
ISBN 978-3-486-71872-0